立憲非立憲

佐々木惣一

講談社学術文庫

国民普及版の発行に就て

『立憲非立憲』第五版が発行せらるるに当て、私は、以後の版に於ては「憲法裁判所設置の議」なる一篇を削り、且《かつ》其の代価を、出来るだけ低くするように、発行書店に頼んだ。本書を他の拙著に比して一層広く普及せしめたいと云う、当初からの、私の希望は日を逐《お》うて益々《ますます》大となり、殊に近来然《そ》うである。然《しか》るに、書店の話に依れば、従来の形式のままで発行しようとするならば、其の代価を従来よりも高くせねばならないとのことであるので、私は、書店に向て、其の体裁などに頓着しないで、其の代価を、寧《むし》ろ、従来よりも、低くするの工夫を促したのである。そして、之を国民普及版と名《なづ》けたのである。然《さ》れば、本書の内容に関しては、従来の『立憲非立憲』の序を其のまま示すの外《ほか》はない。

大正九年三月

著　者

序

立憲政治の本義は何に在るか。真の立憲政治が我が国に行われないのは何の故か。之は、憲法制度を条文の解釈から観ただけで分るものではなく、憲法制度を吾々の生活から観なければならない。立憲政治なるものが、今や我が国民の間に大に唱道せられ又説明せられるにも拘《かかわ》らず、徹底しない感じのするのは、恐らくは、其の観方に就て右述べた如き用意を欠いで居るからではあるまいか。斯《か》かる見地よりして、私は、浅学をも顧みず、聊《いささ》か立憲政治の本義を明《あきらか》にしたいと考え、従来屢《しばしば》之に関する卑見を公にした。其の中の六篇を選んで一まとめにしたものが即ち本書である。各篇各《おのおの》別に発表せられたのではあるが、総《すべ》て一貫した精神に拠《よ》って一体を成すものであって、要するに立憲非立憲の弁たるに外《ほか》ならぬ。本書が、前に説いた私自らの見地に於て講述せられたものとしても、完全なものでないと云うことは、私自ら知る所である。が、然《しか》しながら、少くとも私独りでは、本書の講述の方法が従来普通のものと多少違う所があると思って居る。唯《ただ》此の感じがあるばかりで、それを頼みとして、敢て本書を世に問うのである。そして、不完全なるものを、不完全なるままに、何人《なんぴと》にも読んで貰いたいのである。

大正七年九月

著　者

目次

立憲非立憲

立憲非立憲

一　人類の文化と我が立憲制度

我が日本が、遥《はるか》に西洋諸国に後《おく》れて、第十九世紀の末に至りて初めて、立憲国と為《な》ったのは、或意味に於て、我が日本が立憲制度の終りを全うせしむべきの使命を受けたのである。抑《そもそ》も、立憲主義は現今世界文明国の政治上の大則であり、又将来とても然《そ》うであろうが、此の趨勢は第十九世紀に於て既に定まったと云ってよい。現今又将来世界の文明を左右するものと考えらるる所の諸国は、露西亜《ロシア》を除くの外《ほか》、夫々《それぞれ》確実に立憲制度を樹立して、国民の感謝の声の裡《うち》に、光栄ある第十九世紀を送った。第十八世紀から第十九世紀にかけての世界の政治舞台には、専制軍に打勝た立憲軍の一大行列を観た。而《しか》して我が日本は其の憲政軍の殿《しんがり》の任に当ったのである。我が国が立憲制度を採用したことは、云うまでもなく我が国自身の一大事であるが、併《しか》し、唯それのみではなく、一般に人類の文化に関して或重大の意味を持って居る。それは、立憲主義なるものは、今や、一般人類の政治の帰趣であるかどうかと試みられつつあると云うことである。

斯《か》く云うの理由は、立憲制度発達の迹《あと》を、概括的に観察する者の容易に解する所であろう。立憲制度が先《ま》ず西洋に行われ、次《つい》で東洋に伝わったものであることは、改めて説くまでもないが、世界の立憲制度が互に連絡を有するの一点は、特に之を注意せねばならぬ。西洋諸国の立憲制度の母国は、何人も知る如く、英吉利《イギリス》である。尤《もつと》も英国では、一つに纏《まと》まった憲法典があるのではなく、大免状、権利請願、権利宣言など云う、諸種の法規を総括して憲法と云う。後、亜米利加《アメリカ》に居た英国人の植民地が、本国から独立して憲法を制定したのが、世界に於ける憲法典の嚆矢《こうし》である。此の米国憲法は、勿論《もちろん》、英国憲法の影響を受けて出来たものである。然《しか》るに、此の米国憲法は又仏蘭西《フランス》憲法と密接の関係を有する。元来仏国に於ては、夙《つと》に所謂《いわゆる》権力分立論や所謂民権論が唱道せられて、思想としては早くから憲法を促して居たのであるがそれが具体的に憲法の制定と為《な》ったのは、米国憲法の影響を受けたのだと云われて居る。その訳を聞くに彼《か》の米国独立戦争の際、仏国人は米国人に同情し米国人に応援したが、それ等の事情が因縁と為て、仏国人間に、引続いて米国の制度に対する注意を喚起するに至った。而して仏国に於て、米国憲法の翻訳や米国憲法に関する論文が公にせられた。斯かる関係の下に、欧洲に於ける第一の憲法典として、仏国憲法が出来たのである。尤も仏国は其の後度々《たびたび》政変に逢て、度々憲法を制定した。仏国憲法の影響を受けて制定せられた欧洲諸国の憲法は沢山あるが我が日本と間接ながら或関係を有するものとして、白耳義《ベルギー》憲法を示さねばならぬ。独逸《ドイツ》や墺多利《オーストリア》の憲法も亦《また》仏国憲法又は白国憲法の影響を受けて制定せられた。これで観ると、西洋諸国の憲法は互に一種の連絡を持って居る。而して、西洋諸国の立憲制度は、大体に於て円満に行われて居るのであるから、立憲制度は、西洋では、人類の性情に適したものだと云ってよい。尤《もっと》も茲《ここ》に単に人類の性情と云うも、自覚した人類の性情を指すものなることは、弁ずるに及ばぬ。自覚しない人類にとっては、政治の手段如何は始めから問題とならぬのである。而して自覚は、現今の社会に於て、或程度まで進歩した人類の通有性であるから、単に西洋のみの人文上の問題としては、立憲制度は、今日までに既に試験を通過したものと観てよい。扨《さ》て東洋では何《ど》うであろうか。東洋に於て立憲制度を採用した最初の国は、云うまでもなく我が日本であるが、我が国の憲法も亦《また》決して孤立して成立したものではない。我が国の憲法は、直接には主として独逸《ドイツ》の憲法を模範とした。其の独逸の憲法は既に述べた通り、他の欧洲諸国の憲法と連絡を持って居る。そうすると、欧洲諸国の憲法其のものの間に連絡あるが如く、我が国の憲法と欧洲諸国の憲法との間にも亦、連絡があると云わねばならぬ。日本を中心として世界の憲法の連絡を考えると、日－独－白－仏－米－英と云う関係が現れて来る。それ故に若《も》し、立憲制度が我が国でも人類の性情に適したものだとするならば、更に進んで、立憲制度は一般に人類の性情に適したものだと云い得るであろう。乃《すなわ》ち、我が国に於て立憲制度が円満に行われるや否やの問題は、実は立憲制度なるものが一般に人類の性情に適したものなるや否やの問題である。比喩的に云うと、立憲制度なる巨人が我が日本に渡来したのは、其の巨人が世界の人類を支配せんとする最後の努力を、我が日本に託したのである。

立憲思想は政治上の主義ではあるが、一般の文化と密接に関係を持って居る。何故ならば、立憲思想は本《もと》と人類の一般の思想の発達に促されて出来たものであるのみならず、立憲思想が又《また》人類の一般の思想の発達を促すからである。西洋の近代の文化史を、立憲思想の発達を離れて理解することは困難であろう。それ故に、我が国に於て、立憲制度が円満に行われるや否やの問題は、即ち、日本の文化と西洋の文化とが能《よ》く調和を保ち得るや否やの問題である。それで、若《も》し、我が日本に於て立憲制度が円満に行われ得ないものであるとすれば、日本の文化と西洋の文化との間には、越え難き一大溝渠《こうきよ》があると云わねばならぬ。勿論《もちろん》それは是非の問題ではなく、異同の問題に過ぎない。斯《か》く考えると、我が日本の立憲制度の成行《なりゆき》如何は、一般の人類の文化の問題としても、大に注意に価するものである。

然《しか》らば、我が日本に於て、立憲制度が円満に行われ得るであろうか。此の問題に対しては、私は今断定を下し得ない。之が断定を下し得ないのは、唯《ただ》、何《いず》れとも分らぬと云うのであって、決して、行われ得ないと否定するのではない。寧《むし》ろ、「人類は、東洋人たると西洋人たるとを問わず、其の性情の根本に於て同様のものであるから、同様の社会事情の下に於ては、同様の要求を有する。だから、一定の程度まで進歩した人類は、均《ひと》しく立憲制度を要求するであろう」と云うのが、私の思想の傾向である。所《ところ》が、日本には立憲制度は行われ得ないとする意見——直接に其の意見其のものを示さずとも、其の意見を前提とした意見——

が、度々《たびたび》世間に伝えられる。右のような懐疑の声は、独り西洋人の間に高いのみでなく、我が日本人の間にも聞えるのである。思うに我が政界に於て斯かる懐疑を理由ありとせねばならぬような現象がないではない。それで、其の現象が単に一時的のものであるならば、其の懐疑も亦《また》単に懐疑として了《おわ》るのであるが、之に反して、其の現象が永久的の性質を帯びて居るならば、其の懐疑は最早《もは》や懐疑ではない、寧《むし》ろ否定的決定である。それ故に、吾々は、右のような懐疑の声を聞くときは、其の懐疑を生ぜしめた現象が性質上一時的のものであるか、将又《はたまた》永久的のものであるかを考究せねばならぬ。而《しか》して、其の永久的の性質を有するものは已《や》むを得ぬとして、一時的の性質を有するものに対しては、吾々は――立憲政治を欲する限《かぎり》――其の現象を速《すみや》かに除くこと及び其の現象を繰返さないように努力せねばならぬ。

二　我が憲政に対する欧米人の懐疑

成程《なるほど》、西洋人の眼には、我が日本の立憲制度の採用は一の奇蹟と映ずるであろう。西洋人が久しい間悪戦苦闘して漸《よう》く手に入れた獲物を、吾々日本人は談笑の裡《うち》に受取ったのである。それを観る西洋人が、自分の経験に徴して驚異の眼を張るのは無理ではない。ハッレ大学のリョーニング教授〔エドガー・レーニング（一八四三―一九一九年）〕は、其の一著述に於て第十九世紀の特徴が代議制度に在ることを説くに当って、日本で「すら」も其の制度を採用したことを示して居る。又、私は伯林《ベルリン》大学のカール教授〔ヴィルヘルム・カール（一八四九—一九三二年）〕が、其の講義中、「日本も」憲法を有《も》って居ると云うことを、特に学生に向って注意せられたのを聴いた。併《しか》し、此等の人々は唯《ただ》一般的に世界の現象を観察するものに過ぎないから、西洋人の日本憲政観を知るの材料として余り重きを置くに足らぬのであるが、次に示すような、特に日本の現象に注意を払う西洋人の観察に至っては、之を軽視すべきものでない。

一般に「日本識《し》り」として名高く且《かつ》其の観察を公にして居る人々として、何人も独のリース〔ルートヴィヒ・リース（一八六一—一九二八年）〕、ラートゲン〔カール・ラートゲン（一八五五—一九二一年）〕等の諸教授に想到するが、此等の諸氏が特に我が憲政の価値に就て、其の意見を発表したものがあるかどうか。私は少し調べて見たけれども遂《つい》に見当らなかった。リース教授が日本の元老のことを書いたものはあるが、唯、元老が日本特有のものであること、又維新以来の歴史的産物であることを説くのみで、憲政から観た批評は下してない。ラートゲン教授の、日本の一般文化や経済や財政に関する著述も数種あるが、其の政治の批評をしたものを見出さぬ。曾《かつ》て伯林大学のアンシュッツ教授〔ゲルハルト・アンシュッツ（一八六七—一九四八年）〕の許でラートゲン教授の日本の憲法並《ならびに》行政に関する一小冊子を見せてもらったが、其の中にも、我が憲政の批評はなかったように記憶して居る。尤《もっと》も両教授は東京帝国大学の教師として永く我が国に招聘せられて居た関係上、よし日本に関する政治論をするにしても、或は普通の礼儀として遠慮気味を加えられたかも知れぬから、之に思い切った批評を求め難いかとも思うが、それにしても両教授の批評の如きは看過してはならぬ。若《も》し読者諸君の中で、両教授の我が憲政に関する批評を知って居らるる人があるならば、それを私に教えて貰いたい。筆の序《ついで》に紙上を利用して御頼みして置く。

我が議会開設の当時我が国に居たと云うので、当時の状況を書いたムンチンゲル〔カール・ムンツィンガー（一八六四―一九三七年）〕と云う独逸《ドイツ》人がある。それに依ると、当初多数の外国人は日本の議会制度は永続せぬであろうと考えて居たらしい。ムンチンゲル氏自身も、我が議会制度の初期に、解散が相続き、又《また》解散後の選挙毎《ごと》に壮士が活動したので日本の立憲政治の計画は真に画餅に帰したもののように見えたと云って居る。其の他二三西洋人の我が立憲政治を観察したものを参考としよう。英のウァットソン氏〔W・ペトリー・ワトソン〕は、日本の憲法政治が政党の欠典《けってん》や国民の無識又は無頓着の為に発達しないことを説いて、之を日本特有の立憲的状況だと云って居る。米のラインシュ氏〔ポール・ラインシュ（一八六九―一九二三年）〕は熱心なる東洋研究者であるが、氏は、日本の政治は権威の主義に拠って居て、国民的協同の主義に拠って居ないと云い、日本の国民は強固な独立の精神を欠くが為に、議会を有力なる国民的機関と為し得ないと説き、而して、権威の主義のみがいつまでも国家生活の安全なる基礎であるや否や甚《はなは》だ疑わしいと論じて居る。米のロートン氏〔ランスロット・ロートン（一八八五―一九四七年）〕は一風変った観察をした。同氏も、日本の憲政の現状を説くことは、他の諸氏と同じであるけれども、然《しか》しながら、同氏は、其の現状を以て永く続くことの出来ないものだと説く。其の説に依れば、日本の立憲政治の振《ふる》わないのは、議会に根柢を置かない所の政府及び元老が君主の大権を濫用するに基《もとづ》くのである。今同氏所説の要旨を示さんに、或は「衆議院が政府と衝突すると、何時でも解散の勅命が下る。此の場合、政府者は自分が君主に解散を奏請《そうせい》した行為を弁護するに、それが憲法に適合するものなること、それが君主に依って允許《いんきょ》せられたこと、及びそれが君主の大権の発動であることを以てする。此の如《かく》き状況が永続し得ないと云うことは、史学書生の知る所であろう」と云い、或は「元老の数は減じつつある。その総《すべ》てがなくなった暁に、後進政治家が之に代って立憲的特権を拡張しようと計るであろうと云う希望の中に、内的平和の見込があるのだ」と云うが如きは、外国人と思えぬ程《ほど》熱烈な語気である。最近のものでは、一昨年当時「日本に住んで居る一独逸人《ドイツ》」と云う匿名氏の「落ち行く日本」と題する一小篇を示そう。匿名氏は、我が日本に対して思い切った冷嘲熱罵を加えて居る。名を匿《かく》して責任を回避するような人の言議を引用するに及ばぬようではあるが、お笑い草に其の趣旨を紹介しよう。話は彼《か》の最後の西園寺〔公望〕内閣の時、二箇師団増設問題の為め上原〔勇作〕陸相が辞職し、次で西園寺内閣が倒れたと云うことに就てである。匿名氏は「事の起因は師団新設に要する僅《わずか》な費用の支出の問題であるが併《しか》しそれが重大な政治上の意味を含んで居る。陸相が其の辞表を首相を経由せずに、直接に天皇に呈出したことが既に頗《すこぶ》る奇妙である。首相が他に陸相を求め得ないと云うことは、更に一層奇妙である。実は、問題は、日本軍隊が二箇師団だけ多くなるかどうかと云うことに関するのではない。又其の二箇師団増設を今日行うべきか、或は彼の妥協好の政友会の提案した如く、数年延ばすべきかと云うことに関するのでもない。西園寺内閣と元老政府との衝突の問題である。日本は紙の上では立憲国である。併し議会は無力である。政府は一層無力である。元来日本では誰が政治を支配して居るのか。元老だ。元老とは何であるか。それは定義を与うるに困難な概念である」と笑う。匿名氏は単に右の如く笑うのみでは已《や》まないで、結局、日本の立憲制度は、靴屋が其の仕事着の前掛のままで、本来燕尾服に伴うべきシルクハットを被ったものに似たものだと毒づく。斯《こ》う書いて居るうちに私はお笑い草どころではなく非常に腹が立って来た。読者諸君も然《そ》うであろう。腹の立つのは尤《もっと》もである。が、翻って思うに、吾々は今一体誰に対して怒ってよいのか。独り彼の匿名氏のみを悪《にく》むべきものであろうか。西洋人の日本観の中《あた》る中らぬは別として、吾々は常にそれを聞くの雅量を失ってはならぬ。

三　我が日本人の悲観

独り欧米人の間のみではなく、日本人自身の間にも我が憲政を悲観する声が聞える。而《しか》して私は其の声に一種の力を認めざるを得ないのである。尤も如何なる人が如何なる意見を吐いたかと問われるならば私はそれに答え得るのではなく、唯、色々の新聞雑誌を読み、色々の人々と談話する間に、自然と然う感ずると云うに過ぎない。然《しか》しながら、それが為に邦人の憲政悲観論を軽々に附してはならぬのみならず、寧《むし》ろ、特定の某々の意見に依るのではないが、漠然と一般に然う感ぜられると云うことが、或意味に於ては世人一般の思想の反射であって却《かえっ》て重大視すべきものである。それ故に、我が憲政の前途に就て何等かの意見を立てようとする者は、右の如く漠然とした感じのすると云う事実を見逃してはならぬ。

我が日本人の憲政悲観論は、大体二種類に分れる。其の一は一般に立憲政治其のものに対するの悲観であって、其の二は我が国民の立場から観ての悲観である。

第一に、一部の悲観者は、一般に立憲政治其のものを以て、善くない政治だとするの風が見える。元来政治の善い悪いとは如何なる意味であるかと云う問題は別とするも、苟《いやし》くも立憲政治を批評するには、人類の生活に対する立憲政治の意味如何と、根本的見地を定めねばならぬのであるが、然しながら我が国の悲観論者は、そんな迂遠なことを考えるような愚を学ばないで、手ッ取り早く、眼前の結果をのみ気にして居るようである。而《しか》して其の結果に対して失望したのである。其の失望が果して正当なものであるかどうかを知るには、先《ま》ず其の失望が何に由《よっ》て生じたかを見ねばならない。私の考では、其の失望は、畢竟、立憲政治に期待すべからざるものを期待したから生じたのである。私は之を立憲政治の勘違いと名《なっ》けたい。

先ず思うに、立憲政治は国民の負担を軽くするものだと、世人は期待して居たのではあるまいか。抑《そもそ》も国民の負担としては、自由の制限の如き身上の負担もあり、租税の賦課《ふか》の如き財産上の負担もあるが、立憲政治と為れば、大に自由を得て、又租税も軽くなると云うような考を持つことは、政治思想の幼稚な国民には免れ難い所である。然しながら立憲政治はそんな性質のものではない。人類が苟《いやしく》も、国家の一員として生存する以上、国家の目的を達するが為に必要なる範囲に於ては其の自由を制限せられ、又租税を納付すべきこと云うまでもないのみならず、其の必要は国家の発展するに随《したが》って益《ますます》大と為るべきである。唯《ただ》立憲政治の下に於ては、国民の自由を制限せられ、又租税を課せらるることが、結局国民自身の意思に基《もとづ》くと云う点が専制政治の下に於けると異って居る。立憲政治の利益を国民の負担の軽減と云うような点に求める人があるならば、それは抑も立憲政治の勘違いに外《ほか》ならぬ。曾《かつ》て支那が共和国と為ったとき、私は、支那人中に、共和国と為れば租税を納めなくてもよいと云うので喜んで居る者があると、何かの本で読んだことがあるが、我が日本人中に、それと同じような意味で立憲政治を謳歌して居た人がありはしないか。然《そ》う云う人が立憲政治に失望することは、毫《ごう》も怪しむに足らない。

更に疑うらくは、世人は立憲政治に依って非凡な結果を生ずるものだと、期待して居たのではあるまいか。憲法憲法と云って騒いだけれども、日々、政治の上には、別に面白い変ったことが出て来ないと云う点に、失望した人があるかも知れぬ。然う云う人があるならば、それも亦本《またもとも》と期待すべからざることを期待したものである。私の考では、立憲政治は平凡政治である。と云うのは、単にそれが現今の事実であると云うのではなく、それでよいのだと云うのである。立憲政治が平凡政治たるべき理由は主として次の二点に外《ほか》ならぬ。

立憲政治即ち平凡政治たるの理由の一として、立憲政治の下に在っては、政治の準則が定まって居るから、政治は其の準則に拘束せられると云う点を挙げねばならぬ。即ち政治の大則が憲法に依って定まって居る上に、憲法の規定の結果、行政が法や予算の範囲に於て行われねばならぬのであるから、其の結果は、斯《か》かる制限のない専制政治に比して、自然平凡と為らざるを得ない。支那人も既に、「自古法無全是亦無全非而人之忠佞智愚賢不肖至為遼絶故任法之世無甚利亦無甚害而任人之世非大治則大乱矣」〔『宋文選』巻二十三〕と道破して居る通り法に依って制限せられる政治が、単に人まかせの政治に比して、性質上平凡なるべきは当然である。然《しか》しながら、人まかせを忌むのが即ち立憲政治や法治行政の精神に外ならぬ。

立憲政治即ち平凡政治たるの理由の二として、立憲政治は多数者の意見を重んずる政治であって、専制政治の下に於けるが如き偉人の意見を重んずる政治ではないと云う点を挙げねばならぬ。立憲政治の下に於ても偉人を要するけれども、偉人の意味は専制政治の下に於ける意味とは大に違う。専制治下に於ける偉人と立憲治下に於ける偉人との差異、之こそ実に吾々の思を致すべき好題目であるが、茲《ここ》に之を論ずるは適当でない。或は後に至って之に説は、其の結果が平凡たるべきこと当然である。

然《さ》れば、立憲政治の結果の平凡なることに失望するのが、抑《そもそ》も誤である。少数者が法の制限を受けずして左右する政治即ち専制政治は、非凡な結果を持ち来《きた》ることもあるであろうが、それを立憲政治に求むるのは、蓋《けだ》し見当違いであろう。然しながら、立憲政治即ち平凡政治であることは、決して、立憲政治が退歩的のものだと云うことを意味するのではない。何故かと云うに、茲《ここ》に平凡と云うのは或特定の一時代の範囲内に於て云うことであって、之を過去の時代に比して云うのではない。四十年前に鉄道に驚いた一般の日本人は今日少しも之を珍らしがらない。昔の非凡も今の平凡である。今日日本人一般に対して平凡である所の政治を四十年前の日本人が観たならば、如何に其の非凡なるに驚くであろうか。然れば、立憲政治は、或一時代に於ては平凡なものではあるが、之を歴史的に観ると、専制政治と同様に人文の進歩に貢献するものである。

第二に、一部の悲観者は、一般に立憲政治其のものの論は別として、我が日本人の立場から観て、立憲政治の前途を危《あやぶ》んで居る。それにも亦《また》、我が国民性は到底《とうてい》立憲政治を行うに適せぬとするのと、唯現今の状況が立憲政治の実を挙げて居ないとするのと、二種類ある。尤《もっと》も必ずしも、憲政悲観論者の意見其のものが右の区別を明《あきらか》にした見地を示して居ると云うのではないが、私はそれを明にして立論するがよいと思う。現今反動的の傾向を有すと見るべき我が国政治家や論客などの我が憲政の現状を非難する有様《ありさま》を見るに、其の意見の根柢には、立憲政治を以て、根本的に我が国民性に適せぬものとするの思想がひらめいて居るようにも思われる。果して然《そ》うであるならば、寧《むし》ろ然うと明言して立論するの勇気を持つがよい。其の立論の落ちつき所は、我が国は立憲政治をやめるがよいと云うに在るべきである。然るに、斯《か》く明白に断言する人を見ないのは、私は寧ろ其の立論の徹底しないことを遺憾とせざるを得ない。之に就て注意すべきは、一種の感情論とも見ゆる意見がありはしないかと云うことである。即ち立憲政治は一部少数者の政権壟断《ろうだん》を不能ならしむるものであるから、従来因襲上容易に政権を掌握し又之を維持し得るの特別の境遇に在った少数者が、何となく立憲政治の完全なる実現を忌むと云う風はないであろうか。之も識者の観察を怠るべからざる事柄である。さて、若《も》し我が国民性が到底《とうてい》立憲政治と一致しないとするならばそれまでであって、更に何等の研究すべきことも残らない。然《しか》しながら然《そ》うではなく、唯《ただ》我が国の現状が良くないと云うのであるならば、現状の改良に努力せねばならぬ。又《また》之に努力すればよいので決して憲政に絶望すべきものではない。私は実に然う云う意見を持って居るのである。然らば如何にして現状の改良を行うべきか。それは先《ま》ず立憲政治の理解に始まらねばならぬ。

四　君権行使の制限

君主が其の総攬《そうらん》する国家統治権を行使するに当っては、一般の法理としては、如何なる方法に出てもよいのであるが、然《しか》しながら、一般に君主の有する使命及び特に現代の君主の有する使命の両面からして、君主の統治権の行使は或制限を附せられる。其の制限を目的に関するもの及び手段に関するものの二に分つ。

第一に、目的に関する制限とは、君主が統治権を行使するは、国民の利益を達するが為にせねばならぬことを謂う。君主は、君主自身の個人的利益を達するが為に、統治権を行使してはならぬ。此のことは法の原則ではなく政治の原則であるから、君主が其の個人的利益を達するが為に統治権を行使しても、固《もと》より違法ではない。然しながら、それは君主たるの使命を果さぬものである。昔から世人が仁君《じんくん》、暴君の別を論じて居るが、現今の法上の用語を以て云えば、国民の利益の為に統治権を行使するの君主が仁君であって、自己の個人的利益の為に統治権を行使するの君主が暴君であると、私は説きたい。それ故に必ずしも尭《ぎょう》舜《しゅん》と桀紂《けっちゅう》との対照の如き極端な場合に限らなくても仁君、暴君の別は存するのである。君主が、其の個人的利益の為ではなく国民の利益の為に、統治権を行使せねばならぬと云うことは、君主道の根本義であって、総《すべ》ての世総ての国に通じて謬《あやま》らない。即ち専制君主たると立憲君主たるとを問わずして、皆然《そ》うである。それ故に、彼《か》の専制君主なるものは決して暴君と同一義のものではなく、専制君主にして仁君たることを妨げない。而《しか》して斯《か》くの如き君主道の行わるることは、実に古来我が国の誇りとする所である。高き屋に上りて、戸毎《ごと》に立ちのぼる煙を見そなわしては、民のかまどの賑《にぎわ》いを喜び給うのが、我が歴代の天皇の大御心《おおみこころ》である。此の大御心は、畏《かしこ》くも、明治天皇の「あがたもり心づくしの程見えてわらやの煙たちまさりけり」と申す御歌と為って現れた。又、寒夜御衣《ぎょい》を脱して民の苦を察し給うのが、我が歴代の天皇の大御心である。此の大御心は、畏くも、明治天皇の「冬深きねやのふすまを重ねてもおもふは賤《しず》が〔民の〕夜寒なりけり」と申す御歌と為って現れた。若《も》しも君主は国民の利益のために統治権を行使するものであると云う言葉を捉えて、例の筆法で私を咎《とが》めようとする人があるならば、其の人は右に示した御製《ぎょせい》を捧読《ほうどく》せられたい。

第二に、手段に関する制限とは、君主が統治権を行使するには、独立の国家機関の参与に依らねばならぬことを謂う。何《いず》れの世何れの国に於ても、君主が一人で政治を行うことは不可能であって幾多の国家機関の参与に依るものであるが、唯《ただ》此等の国家機関が君主の統治権の行使に参与するの方法は一様ではない。先《ま》ず之を二種に大別する。其の一は、諸種の国家機関が、唯君主の意志のままに行動すること、換言せば君主の意志を執行するに止《とど》まることであって、其の二は、諸種の国家機関が、君主に対して独立なる意志を以て、統治権の行使に参与することである。第一の方法に依る参与は君主に対する補助と為り、第二の方法に依る参与は君主に対する制限と為る。而《しか》して、君主に対する制限を認むる制度を制限君主制度と云い、之に反して唯君主に対する補助を認むる制度を専制君主制度と云う。一寸《ちょっと》注意するが、専制君主制度に於ても、君主が諸種の国家機関の意思を聴かぬのではない。が、君主は積極的にも、消極的にも、それに拘束せらるることなく、君主自身の意思のままに政治を行い得るのである。専制君主と制限君主との別は法の原則である。これで観ると、専制君主と制限君主との別は、前にも一言したが、暴君と仁君との別とは違う。専制君主と雖《いえども》自己の個人的利益の為ではなく、国民の利益を目的として政治を行うならば、それは仁君であって暴君ではない。制限君主は、諸種の国家機関の制限を受くるのであるから、根本に於ては、自己の個人的利益を目的として政治を行うものとは異って居るけれども、然《しか》しながら、常に仁君たり得るものとは云えぬ。それは全く、君主を制限する国家機関の作成方法及び君主を制限する政治の範囲の如何に依って定まるのである。一般に君主は、国民の利益を目的として、統治権を行使せねばならぬこと、前に述べた通りであるが、現代の国家に於ては、それのみでは十分でない。君主は、独立の国家機関の参与に依って統治権を行使せねばならぬ。斯《か》くの如く、独立の国家機関の参与に依って君主の統治権の行使を制限するという思想が立憲主義の出発点である。

所《ところ》で君主に対する制限に就ては、更に、其の制限を行う国家機関——之を制限機関と云う——の作成方法及び如何なる場合に如何なる機関に依って制限せらるるかと云うことを考えねばならぬ。

先《ま》ず、制限機関の作成方法を考えんに、或は君主の任命に係ることもあり或は国民の作成に係ることもあるであろう。前の場合には、制限機関は、其の作成方法に於ては、普通の国家機関と異らぬのであるが、後の場合には君主の統治権の行使に参与すべき機関の作成のとき、既に、君主は制限を受けて居るのである。而して、国民が制限機関を作成するのは、即ち国民が、自己の意志を、政治に参加せしむるの手段に外《ほか》ならぬ。以上唯《ただ》便宜の為、国民と云う広漠な語を用いて置いたが、今や少しく精密に国民と云うの意味を考えるの必要がある。制限君主制度の趣旨は、右述べた如く、国民をして自己の意志を政治に参加せしむるに在るのであるが、其の国民の範囲如何は別問題に属する。之を西洋の制限君主制度の発達に徴するに、政治に参加せしめらるるの国民の範囲は、始めは狭かった。即ち門地や職業に依て限られて居た。後それが発達して遂《つい》に、一般の国民の参加を認むるに至ったのである。門地や職業に依て限られた範囲の国民——仮りに之を上級国民と云うて置こう——が、其の意思を政治に参加せしむることも制限君主主義であるが、而《しかれど》も立憲主義ではない。一般の国民が其の意志を政治に参加せしむるに於て始めて立憲主義を生ずるのである。然《しか》るに君主が統治権を行使するに当って、一般国民の意志の参加を待つと云う原則は、近代に至って漸《ようや》く成立した。何故かと云うに、君主が国民の意志を参酌《さんしゃく》せねばならぬと云うが如きことは、事の性質として、国民に、斯《かか》る要求があって始めて行われるのであるが、国民が斯る要求を持つことは自覚の時代に於て始めて考えられるからである。昔の君主と雖《いえども》決して全く国民の意志を無視したのではないけれども、之を参酌せねばならぬとして参酌したのではない。

次の問題は、君主は、如何なる場合に、如何なる機関に依って制限せらるるかと云うことである。それには先《ま》ず国家の作用の種類を分たねばならぬ。国家の作用は、人の知る通り、立法、司法、行政の三に大別し得るが、君主が其の如何なる作用を行うに付て、制限機関の参与に待つかは、時代に依って異なり、国家に依って同じくない。今唯《ただ》其の大体の趨勢を示そう。先ず君主が如何なる場合に制限機関の制限を受くるかと云うに、立法に関しては早くから制限が行われたけれども、司法、行政に関しては、制限の主義は後《おく》れて発達した。而《しか》して現今に於ては、立法、司法、行政の三者に関して共に制限機関を設ける。之が立憲主義の半面である。次に如何なる制限機関に依って制限せられるかと云うに就ては、君主の任命に係る機関に依っても制限を行うと云う思想は発達しなかったが、国民の作成に係る制限機関を置くと云う思想は発達した。尤《もっと》も、其の国民と云うのは、一般の国民ではなく、前に一言した所の上級国民に限られて居たのである。所《ところ》が、今日では、君主の任命に係る国家機関でも、制限機関たり得る。又此《かく》の如き制限機関と並んで別に一般の国民――上級国民ではなく――の作成に係る制限機関がある。それが即ち議会である。尤も議会を構成する各員は一般国民の指定するもののみに限らず、君主の任命に係る者及び上級国民の指定に係る者をも包含して居るが、而《しかれど》もそれが為に、制限機関でないと云うべきでない。君主が上院議員を任命する場合でも、其の議員は決して普通の官吏のように君主の意思を執行するに止《とど》まるものでなく、君主に対して独立の意思を以て、君主の政治に参与すべきものである。而して以上述べた所の、君主の制限せらるべき場合と、之を制限する制限機関との関係を観るに、国民の作成に係る制限機関は立法の一般及び行政中の重《おも》なものである所の予算に参与し、君主の任命に依る制限機関は行政の一般と司法とに参与する。之が立憲主義の他の半面である。

これで観ると、国家の三作用に付て夫々《それぞれ》制限機関が設けられてあって、且《かつ》立法の一般と重なる行政とに参与する制限機関が一般の国民に依て作成せられ、換言せば其の作用に付て国民の意思の参加を認むること、之が立憲主義の根本精神である。

五　立憲制度への経過

立憲主義の根本精神の中で、一般の国民をして統治権の行使に参与せしむると云う点は、特に重大なる重味を持って居る。それ故に、一般に立憲主義の得失を論ずるに当りては、主として、一般の国民をして統治権に参与せしむることの得失を論じ、且又《かつまた》或特定の国家が、能《よ》く立憲主義を行って居るや否やを考えるに当っては、主として、一般の国民をして統治権に参与せしむることが、能く行われて居るや否やを考える。従って之を歴史に徴するも、立憲制度を布《し》くか布かぬかの争いは、主として、一般の国民をして統治権の行使に参与せしむるかせしめぬかの争いであった。所《ところ》が、一般の国民をして統治権の行使に参与せしむるは、或は直接の方法に依ることも出来、或は間接の方法に依ることも出来る。前の方法は、或国務を、直接に国民の投票に問うことであるが、それは種々の理由で、一般には、到底《とうてい》採用し難いから、そこで、間接の方法を案出せねばならぬ。其の方法として、国民の選挙に依って、議会を作らしめ、国務を議会に問うの制度が出来たのである。それ故に、現今一般の立憲制度には議会制度が伴って居る。尤《もっと》も、一口に議会制度と云うても、其の構成方法の如何に依って、国民の参与の目的を達し得たると否との別はあるが、それは、議会の構成方法の問題であって、議会制度其のものの問題ではない。然《しか》しながら、之が為に、議会制度が、国民の参与を認むるの手段として、性質上適当なる唯一のものであるべきだとは云い得ぬ。唯、現今の人類の考え得るものとしては、それ以外に適当なものを見出さぬと云うに過ぎない。

議会制度は突然に出来たのではなく、其の前にも之に似たものがあった。それは級団制度である。これも亦《また》君主の統治権の行使に対する一の制限であって、第十三世紀頃から欧洲諸国に行われた。それは、特権ある階級に属する者が結んで団体を作り――其の団体を仮りに級団と名づけて置く――其の団体が君主の統治権の行使に参与したのである。君主が租税を賦課するには、此の級団の同意を求めねばならなかった。場合に依っては立法に付いても亦右の同意を要したと云う。此の級団制度は一見議会制度に似て居るけれども次のことを考うると、其の差異の大なるを知る。級団の任務と議会の任務とは全く違う。議会の任務は全体としての国民の利益を考量するに在るけれども、級団の任務は之に属する階級の利益を考量するに在った。従って級団は、議会とは異なる一種特別の性質を有するものと考えられて居た。即ち、初めは、級団は国家機関たるものではなく、其れ自身、国家に対して独立の人格を有するものだとせられて居た。国家を代表する君主と級団とは、両々《りょうりょう》対抗して、各自の利益を主張するものだと考えられて居た。此《かく》の如き二元的思想が国家観念の発達を妨げ、従って国家其のものの発展を害すること勿論《もちろん》であって、此の思想が、漸次緩和せられて、級団を国家機関と考うるの傾向を生じたのは、当然のことである。

級団制度は右の如く維持すべからざる思想に基《もとづ》いて居るのであるが、而《しか》も君主に対する制限の思想を根柢とするものであるから、其の点に於ては、立憲君主制度に傾いて居るのである。が、それから直接には、現代の立憲君主制度を生じなかった。寧《むし》ろ再び専制君主制度に立ち戻ったのである。それは奇に似て奇ではない。全く、前に述べた如く、級団制度に於て、君主と級団とが互に対抗して居た結果に外《ほか》ならぬ。即ち此の対抗の結果、君主が級団に打ち勝ったに過ぎない。そこで、第十六世紀から又一層《いっそう》極端なる専制君主制度が行われた。彼の有名なる仏王ルイ十四世〔在位一六四三―一七一五年〕が、「国家とは即ち朕である」と豪語したのは即ち此の時代である。然《しか》しながら、此の如き状況の永続し得べからざること勿論《もちろん》であって、専制君主主義は英国に於て終局的に敗れて以来、欧大陸に於ても同じ末路に陥った。斯《か》くて、専制君主制度に代って成立したものが即ち立憲君主制度である。それ故に、沿革的に云うと、専制君主制度に対する制限君主制度としては、級団君主制度及び立憲君主制度の二種を示さねばならぬ。併《しか》し級団君主制度は現今一般に其の跡を絶って居るのであるから、専制君主制度に対するものとして立憲君主制度を挙げて差支《さしつかえ》ない。

六　立憲制度と東洋の君主道

以上は西洋に於ける立憲制度の沿革であるが、東洋では、右の如き沿革なく、其の沿革の結果が、始めから行われて居る。我が国は級団君主制度の時代を経過することなく、専制君主制度から直に立憲君主制度に入った。即ち国民が君主の統治権の行使に参与するの方法として、或特権ある階級に属する国民の団体が、国家の利益に対して自己の利益を主張するが為に、之に参与すると云う二元的思想は起らないで、一般の国民が、国家の利益を考量する為に、国家機関と為って、之に参与すると云うの思想が初めから起ったのである。之は我が国の幸福であった。此の思想を法として示したものが即ち大日本帝国憲法である。

斯く、一般の国民をして君主の統治権の行使に参与せしめねばならぬと云う法の原則、換言せば、君主が統治権の行使に付て、一般の国民の意志を問わねばならぬと云う法の原則は我が憲法で定まったのであるが、然《しか》しながら君主が統治権の行使に付て、一般の国民の意志を問うがよいと云うの思想は決して憲法に依って始めて出て来たのではない。寧《むし》ろ、それは、古《いにしえ》から東洋の君主道の真髄であったと思う。此のことに就ては、私は曾《かつ》て元田永孚《もとだながざね》先生〔一八一八—九一年〕の進講録を読んで非常に有益な教を受けた。先生は書経舜典《しゅんてん》「闢四門明四目達四聡」〔『貞観政要』巻一、君道第一〕の「明四目達四聡」と云うを説明して、次の如く言うて居られる。「又明二四目一。達二四聡一と云うて、凡《およ》そ天下の広き、人君一人の耳目を以て悉《ことごと》く天下の事情を見尽し、聴き届くることは、成り難き道理なり。故に、大舜は、一人の目一人の耳を以てせられず、天下四方の耳目を以て己れの耳目と致され、四方の人民の見る所、聞く所は、隠忌《いんき》する所なく、直言する様に致され、四方の目を明《あきら》かにし、四方の耳を達せられしなり。故に四方の民情、漏るる所なく、大舜の耳目に達し、困苦の状も、怨《えん》嗟《さ》の声も、誹謗の言も、善も、悪も、賢も、愚も、悉《ことごと》く朝廷の上に羅列して、何一つ壅蔽《ようへい》のなき様に相成りし也」と。又先生は、「四目《しもく》を明かにし、四聡《しそう》を達すれば、天下一身となる」とて、之を四門を開くことと併せて、実に天下を治むるの基本だとせられて居る。而《しか》して其の「然《しか》れども、其の賢才を挙げ（筆者曰う之は元田先生の「闢四門」の解である）、言路を開くの方法は一概にあらず。今世に於ては、議院を設け、会議を開いて四方の賢才を集め、輿論《よろん》を発達せしむれば、全く四門を闢《ひら》いて四目四聡を達すると一般の旨趣《ししゅ》なり。舜をして、当世に生れしむれば、必ず此の議院法を設くる事もあるべし」と云わるるに至りては特に傾聴すべきものである。又《また》孟子を読む者は、其の中に、君主が事を決するに当って、一部少数者のみの意見を聴くことを避けて、一般の国民の意見を聴くべきを力説してあることを知るであろう。「左右皆曰賢。未可也。諸大夫皆曰賢。未可也。国人皆曰賢。然後察之。見賢焉。然後用之。左右皆曰不可。勿聴。諸大夫皆曰不可。勿聴。国人皆曰不可。然後察之。見不可焉。然後去之」。「左右皆曰可殺。勿聴。諸大夫皆曰可殺。勿聴。国人皆曰可殺。然後察之。見可殺焉。然後殺之」（以上、『孟子』「梁恵王章句」下、七）。之れは全く、古来儒家の説の如く、国家の政治は君主の私すべきものでないと云う根本精神に基《もとづ》くのであろう。然《さ》れば、君主が統治権の行使に付て一般の国民の意思を問うがよいと云う思想は、寧《むし》ろ東洋の君主道の特徴である。立憲主義は即ち此の君主道を法の原則とするものに過ぎないのである。然れば立憲主義を以て東洋の固有の君臣の関係を破壊するものであるかの如く考うるは大なる誤解ではあるまいか。

果して然りとせば、何故に特に憲法と云う法を作るのか。君主道に於て既に、一般の国民の意思を問うとせらるるならば、それで十分ではないか。何人でも少しく深く考えるときは、此の問題に逢着するのであろうが、又更《また》に深く考えるときは、容易に此の問題に答え得るであろう。君主が一般の国民の意思を問うことに付て特に憲法で規定を設けねばならぬ理由の主なものは次の二である。其の一は、之に依って君主が一般の国民の意志を問うの方法を一定して置くのであるが、之は別に説明するまでもない。其の二は、之に依って如何なる君主の時代でも一様に、一般の国民の意志を問うと云う結果を、生ぜしめようとするのである。既に君主道に於て、君主が一般の国民の意志を問うがよいとせば、多くの君主は此の君主道を守るであろう。殊に我が国の如きに於ては然《そ》うである。然《しか》しながら、国家は、いつでも明君のみの出現を待ち受け得るものではない。時に一般の国民の意志を問うことを望まざる君主を戴くと云う場合も考えられる。これは一般に云ったのであるが、君臣の義や情の特別な我が国と雖《いえど》も、独り其の例外を為すものだとは云われない。此《ここ》に於てか我が国に於ても、彼《か》の君主道を永久に維持しようと思うならば、其の君主道を法の原則とするの必要が出て来るのである。即ち従来は右の君主道は寧《むし》ろ君主一箇の心得とも云うべきものであったが、憲法の制定と共に法の上の義務と為った。それ故に、仮令《たとい》一般国民の意志を問うことを望ませられざる君主にても、之を問わせられねばならぬ。斯《か》く考え来《きた》ると、凡《およ》そ明君に向っては、憲法があっても、なくても同じことであるが、然しながら、世界常に明君の出ずることを必とし難いから、如何なる君主の下に在っても、君主道の行われるようにするのが、即ち憲法の目的である。

七　立憲主義の実行

以上一般的に述べた所の立憲主義が諸国の実際の制度に於て、如何なる形式を採《と》って居るかと観るに、微細の点に付ては差異があるけれども、大体に於ては同じ傾向を持って居る。それを知るには、立法、司法、行政の三作用に付て、君主の統治権行使を制限する方法を見ねばならぬ。

第一に、最も大なる程度に於て、君権行使の制限が行われて居るのは、司法に付てである。換言せば、君主は、最も大なる程度に於て、司法に関与し得ないのである。之に就ては直接の関与と間接の関与とを分たねばならぬ。先《ま》ず直接の関与とは、君主が司法の作用其のものに関与することを謂うのであるが、之は全然君主の手から離されて居る。何故かと云うに、君主は、自ら司法を行うことを得ず、必ず裁判所に依って之を行わねばならぬのみならず裁判所が司法を行うに当っては、君主に対して全く独立して居て、君主は毫《ごう》も之を指図し得ない。欧洲諸国の憲法や我が国の憲法に、裁判所は君主の名に於て司法を行うと規定して居るけれども、之は決して君主が司法に関与すると云うことを意味しないのである。此《かく》の如き裁判所の独立なることは、昔の君主専断裁判に対して発生したものであって、其の結果、司法の作用其のものに付ては君主は全然関与しないことと為った。次に間接の関与とは、君主が、司法其のものには関与しないが、司法を行う所の裁判所を構成する裁判官の進退に関与して、之に依て以て、間接に司法に関与することを謂う。之に付ても、君主は大なる制限を受けて居る。君主は、裁判官を任命するものであるから、此の点に於て、君主は間接に司法に関係するものと云うてもよい。而《しかれど》も裁判官は、憲法上其の地位を保障せられて、君主とても任意に裁判官の地位を動かし得ないから、裁判官が君主の思う通りに司法を行わない場合でも、君主は如何ともし得ないのである。

第二、立法に就ては、君主に対する制限は、司法に於けるよりも少い。換言せば、君主は、司法に於けるよりも大なる程度に於て、立法に関与するのである。先《ま》ず直接に立法の作用其のものの方面を観るに、立法は議会の協賛を経なければならぬから、君主一人の意志に依って行い得ないのであるが、それは消極的の制限であって、議会の意志に従わねばならぬと云う積極的の制限があるのではない。議会が或法律案の議決をしても、君主は必ず之を法律とせねばならぬと云うのではない。即ち君主の裁可と云う作用があって、裁可あって始めて法律を生じ、而《しか》も裁可すると否とは君主の任意である。故に立法の作用其のものに付ては、君主に対する制限は、司法の場合に比して遥《はるか》に小《ちいさ》い程度に在ると云うてよい。次に間接に議会の作成方法の方面を観るに議会を構成する者の多数は、君主の任命に係るものではなくて、国民の選挙に係るものである。のみならず、其の君主の任命に係る者とても君主が任意に其の地位を動かし得るものではないから、立法に就て、君主は全く間接の関与を為し得ないと云わねばならぬ。

第三に、行政に就ては、君主に対する制限は最も少い。茲《ここ》に行政とは立法及び司法以外の国務を包括するものであるが、更に之を二つに分つ。其の一は君主の親《みずか》ら行う国務であって、其の二は君主以外の国家機関が委任を受けて行う国務である。君主以外の国家機関が行うものは茲に問題と為らぬ。さて君主が国務を行う場合に如何に制限せられるか。先ず直接に国務其のものの方面を観るに、君主は必ず国務大臣の輔弼《ほひつ》に依らねばならぬのである。即ち君主が独断で国務を行ってはならぬのである。古《いにしえ》に在っても、君主を輔弼する所の大臣はあったけれども、而《しかれど》も君主が必ず大臣の輔弼に依らねばならぬと云う原則は無かった。即ち重要な点は単に大臣があると云うことではなく、必ず大臣の輔弼に依らねばならぬと云うことであって、此の点が古の大臣制度と今の大臣制度との差異である。

然《しか》らば国務大臣の輔弼に依らねばならぬ所の国務の範囲は如何。之は固《もと》より各国の制度に於て如何様《いかよう》にも定むることが出来るのであるが、我が憲法に依れば、凡《およ》そ天皇の行わせらるる所の国務に付ては、総《すべ》て国務大臣の輔弼あるべきものである。国務中、国務大臣の輔弼の範囲外に在るものがあると説く学者もあるけれども、私は其の説に服することが出来ない。即ち、天皇の国務上の行為は、総て国務大臣の輔弼すべきものであるが、さて、天皇の行為中、如何なるものを以て国務上の行為とし、又国務上の行為でないと云うべきか。これは天皇の行わせらるる各箇の行為に就て見るべきことであるが、場合に依っては、国法自らが、直接間接に天皇の或行為を以て国務上の行為でないと定めることがある。此の場合には国法上の問題としては、之に従うの外《ほか》はない。我が国法では、一方に於て凡そ天皇の国務上の行為は国務大臣の副書を要することと為って居るのであるから、若《も》し、他方に於て、国法が天皇の或行為に付て国務大臣の副書を要せないこととするならば、我が国法は、其の行為を国務上の行為でないと取扱って居ると、解釈するの外はない。此の場合には、其の行為は性質上から観ても国務上の行為でないこともあろうし、又性質上から観ると国務上の行為であることもあろう。性質上から観て国務上の行為であるものを、国法が国務上の行為でないと取扱って居るときは、其の国法は固《もと》より不当のものであるが、然《しか》しながら、国法上の解釈としては、其の行為は国務上の行為ではなく、従って国務大臣の輔弼の範囲外に在ると云わざるを得ない。彼《か》の今度の議会の問題となった所の天皇の授爵の行為の如きは即ち其の例であって、法理としては、授爵を国務大臣の輔弼外なりとする政府当局者の解釈を正当とする。尤《もっと》も、此の如く性質上国務上の行為である所の行為を、国務上の行為として取扱わないような制度は、固より悪法であるから、速《すみや》かに之を改正せねばならぬ。

次に、間接に国務大臣の作成方法の方面を観るに、君主は任意に国務大臣の任免を行い得るものであるから、君主が、間接に行政に関与し得るの程度には制限がない。従って君主は、国務大臣の任免を行うことに依って、以て、自由に行政を左右し得るものとも云える。然しながら、之は単純なる法上の権限を云うものであって、実際の運用上、此の法上の権限を其の儘《まま》に行うことは、後に説く通り、余程《よほど》困難である。

国務大臣の輔弼とは、君主の意志を執行することではなく、君主をして法上、又政治上、其の道に合わしむるように、君主を輔佐することである。それ故に、決して、君主の意志のままに従うことが輔弼ではない。君主の意志が、国務大臣の意見に依らば、其の道に合わぬと思わるる場合には、国務大臣は先《ま》ず君主の意志をして其の道に合わしむるように力《つと》め、若《も》し其の力に及ばぬと考うるときは、其の職を辞すべきである。然《さ》れば、国務大臣が其の職を辞せざる限《かぎり》は、君主の一切の国務上の行為は、皆国務大臣の輔弼に依って行われたものと云うべきである。従って、国務大臣の行為が議会の問題と為る場合には、常に国務大臣其のものの行為、即ち国務大臣が如何に君主を輔弼したかと云うことのみを、問題とすべきものである。君主の意志がどうであったかと云うことは、議会の問題に上《のぼ》すべきものではない。それは、第一に其の必要がない。何故かと云うに、君主の意志がどうであったにせよ、それが国務上の行為として現われたのは国務大臣の輔弼の結果であるから、結局国務大臣の行為のみを論議すればよいのである。且又《かつまた》元来議会で、君主の国務上の行為が問題となるは、主として、其の責任の帰着を明《あきらか》にせんとする場合であるが、君主は無責任であるから、君主の意志の如何を知るの必要は毛頭ない。第二には、啻《ただ》に其の必要のないのみならず、其の弊害を生ずる。君主の意志と云うことがふりかざさるるときは、議会が国務を論議するに際して、自《おのず》から遠慮勝《がち》となるであろう。若《も》し夫《そ》れ君主の意志なるものが、国務大臣の責任と云うことと関連して、考えられるようにならば、後に説くが如く、其の弊害の大なること蓋《けだ》し測られざるものがある。それ故に、結局、私の考では、国務大臣が、議会の弁難に於て、君主の意志如何を口にするは、最も避くべきことである。是《これ》の故に、私は、今回の我が議会に於て、政府当局の人が反対党の論難に対抗するものとして、聖旨《せいし》を口にせられたことを、非常に遺憾とする。尤《もっと》も、私が茲《ここ》に、聖旨を口にすると云うは、決して、普通に非難せらるる如く、聖旨に藉口《しゃこう》すると云うことではない。普通に、聖旨に藉口するを非難するは、聖旨の実際如何を問わず、聖旨なりと称することを非難するようであるが、私が、聖旨を口にすると云うのは、聖旨が実際そうである場合に、之を口にすることを云うのである。実際の聖旨でないものを聖旨なりと称するの悪《にく》むべきは、勿論《もちろん》であって、私は、政府当局の人々が、此の意味に於て、聖旨に藉口するものだとは信じない。が、私の意味に於て、聖旨を口にすると云うこと其のことが既に、憲政の発達に、最も避くべきことだと思うのである。

八　責任の帰着

政治に責任の伴うべきは云うまでもないことであって、問題は唯、其の責任の帰着する所如何に在る。君主以外の国家機関の国務上の行為に付ては、其の国家機関が夫々《それぞれ》責任を有することと当然であるが、君主の国務上の行為に付ては如何であるか。君主自身は、一切の国務を自己の責任に帰するものと感ずることもあるであろう。殊に東洋に於ては、古来君主の仁慈なる、天変地異をすらも君主自身の不徳に帰せしめ給う程であって、吾々国民は、常に「罪あらば我れをとがめよ天神《あまつかみ》 民はわが身のうみし子なれば」との有り難い大御心《おおみこころ》に感泣して居るのである。然《しか》しながら、君主自身が責任を感ずるの以外に、特別の方法を以て君主の責任を糺《ただ》すが如きことは、到底《とうてい》君主主義と相容れざるものであるから、一般に君主国に於ては、必ず、法上君主を無責任のものとせねばならぬ。而《しか》して、君主を無責任とするの必要は、其の君主国が立憲君主国たるとき、益《ますます》大と為るのである。何故かと云うに、立憲君主国では、既に述べた如く、君主が国務を行うは、決して独断ですることなく、必ず国務大臣の輔弼《ほひつ》に依ってするからである。諸国の憲法に、君主の神聖にして侵すべからざることを規定するは即ち、君臣の無責任を定むるものに外《ほか》ならない。既に君主にして無責任なりとせば、他に責任の帰着する所がなければならぬ。それは即ち国務大臣である。尤《もっと》も国務大臣は、決して君主の責任を、之に代理して負うのではない。君主を輔弼したと云う自己の責任を負うのである。諸国の憲法が、大臣の責任を規定するは、即ち此の意味に外ならぬ。一般の君主国に於ても、君主の無責任を維持しつつ、而《しか》も責任の帰着を明かにせんとするには、大臣の責任を糺すの外はないのであるが、然しながら、専制君主制度の下に在ては、君主は大臣の輔弼に依らずして国務を行い得るのであるから、大臣の輔弼しない国務を、大臣の責任に帰するは不当である。それ故に専制君主制度の下に在ては、大臣責任の制度が確立し得なかった。然るに、立憲君主制度の下に於ては、大臣は、君主の国務上の行為に付て、必ず輔弼するものであるから、之を大臣の責任に帰せしむるを至当とする。然《さ》れば、大臣責任の制度は、実に立憲君主制度の特色であって、之あるが為に、君主の無責任を認めつつも、而も猶《なお》責任の帰着を明《あきらか》にし得るのである。彼の専制君主制度の下に見た所の、君主の責任はないが、又《また》大臣の責任もなく、結局責任の帰着を知らぬと云うが如き、不都合な結果を免れるのである。君主の無責任の状態に於て、而も国務の責任の帰着を明にしたいと云うのが、現今君主制度の下に生息する吾々の痛切な要求である。是の故に、大臣責任の制度は、最も厳正に実行せられなければならぬ。

右は、大臣が、君主の国務上の行為――詳《つまびらか》に云えば、君主が或ことを為したと云う作為の場合、及び、君主が為すべかりし或ことを為さなかったと云う不作為の場合の二つに分れる――に付て、責に任ずる場合であるが、大臣の責任は之のみに止《とどま》らない。大臣は、君主の国務上の行為とは関係ない所の、自己の行為に付ても、亦《また》責に任せねばならぬ。例えば、君主が憲法違法の勅令を発布し、不利益な国際条約を締結した場合大臣の責任を生ずること勿論だが、大臣が、或議案をして議会を通過せしむるが為に議員を買収するが如きことを為した場合にも亦、大臣の責任を生ずる。故に彼《か》の現に問題と為って居る所の大浦〔兼武〕氏瀆《とく》職《しょく》事件が大臣の責任を生ずべきこと云うまでもない。此《かく》の如く、大臣が君主の国務上の行為とは関係ない所の自己の行為に付て責任を負う場合には、直接、間接に其の行為に関係した大臣が総《すべ》て、責任を有する。そこで、今回の瀆職事件に於て、内閣の方針として議員を買収して議案を通過しようと定めたとすれば、勿論総ての大臣が責任を有するが、縦令《たとい》、内閣が買収と云う方針を定めないまでも、有《あ》らゆる手段を以て之を通過せしめようと云う方針を定めたとすれば、如何であろうか。此の場合には我が政界従来の経験に徴して考えねばならぬ。然《しか》るに、従来我が国では、遺憾ながら、買収は公然の秘密だと伝えられて居る。それ故に、内閣が、有らゆる手段を以て之を通過せしめようと、方針を定めた場合には、総ての大臣は、我が政界従来の経験に徴して、或は買収と云うことが行われるであろうとの懸念を懐《いだ》いたと考えられる。然《さ》れば、特に、買収其の他政治上不潔なる手段には依らないと定めたに非ざる限《かぎり》、総ての大臣は、或は買収も行われるであろうと黙認したものであって、即ち間接に、買収に関係あるものと云うのが、我が政界従来の経験から観た推論であろう。此の推論が中《あた》れりとせば勿論総ての大臣の責任問題を生ずる。併《しか》しながら、若《も》し、内閣は、従来とは異なり、断じて不潔の手段を取らぬと定めて置いたのだとするならば、それまでである。而《しか》して現に政府当局の士は、然《そ》う弁じて居らるるようであるが、其の真偽如何は、抽象的研究を事とする私の立入り得ない所であるから、之を世評の種々観に任せて置く。

大臣の責任を生ずるは、独り事の違法なるときに限らぬ。事の政策を誤ったとき——之を違法に対して不当と云うて置く——にも責任がある。違法の場合の責任を法上の責任と云い、不当の場合の責任を政治上の責任と云う学者もあるけれども、其の用語法は精確ではない。何故かと云うに、不当の場合の責任でも、其の責任を生ずることは、法の原則であって、従って苟《いやし》くも責任を生ずるならば、其の事由の如何に拘《かかわ》らず、其の責任其のものは、常に法上の責任である。が、それは用語の論として之を措《お》いてよいが、大臣の、事の違法でないと云うことを以て、責任を免れ得るものではないと云う点は特に注意せねばならぬ。

九　罷免と弾劾と辞職

大臣の責任は、種々の程度に於て実現せられ得るが、其の極度は、其の地位を退くことに帰着する。然れば、大臣責任制度に於て、最も重要なることは、大臣が如何なる手続に依って、其の地位を退くに至るかと云う点に外《ほか》ならぬ。一般に云うときは、大臣が責任を負うて、其の地位を退くに至るの手続として、次の三種の方法が考えられる。

第一の方法は、君主が、自己の発意に依って、大臣に、其の地位を退くべく命ずることである。之を罷免《ひめん》と云う。罷免は、君主が当然に行い得るものであって、之に関して何等《なんら》特別の規定あることを要せぬ。然《しか》しながら、それは、独り大臣のみではなく、一般の官吏に対しても同様であるから、此の方法は、特に大臣責任の制度として見るべきものではない。

第二の方法は、国民の発意に依って、大臣をして其の地位を退かしむることである。之は、国民が大臣の責任を問うの制度であって——其の責任を問うとは、直接に其《その》地位を退かしめ得ると云うのではなく、之を退かしむべきや否やの決定を為すべく、促し得ると云うのである——之には、国法上之に関する規定がなければならぬ、当然に之を為し得るものとは云えない。彼の諸国の憲法が特に大臣の責任を規定するは、全く右の制度を認むるものである。我が国の憲法が大臣の責任の規定を設くるの趣旨も亦《また》之に外ならぬ。之は、勿論、前提とすべき詳細な説明を略して其の結論のみを示したに過ぎないが、唯《ただ》一言して置きたいのは、若《も》し、然らずして、之を以て、君主が大臣の責任を問うこととするならば、それは、前に第一の方法として説いた如く、憲法の特別の規定なくとも、当然に行われ得ることであるから、憲法の特別の規定の意味は別に存すべきものだと云う点である。大臣が国民に依って、其の責任を問われることが、普通の官吏と異なる所であって、之が実に大臣責任制度の本体である。此のことは、彼の君主の無責任と対照して考えると直《すぐ》に了解出来るであろう。君主の無責任と云う場合の無責任とは、国民との関係に於て云うことであって、国民が君主の責任を問い得ぬとするのである。国民との関係を無視して、君主の責任とか無責任とか云うても、それは何等の意味もない。而して、大臣の責任なるものは、前に述べた如く、君主を無責任としつつ、而《しか》も責任の帰着する所を明《あきらか》にするの手段だとせば、其の所謂《いわゆる》責任と云うことも亦《また》、君主の無責任と云う場合と同じく、国民との関係に於て云われるものとせねばならぬ。然らずんば、君主は、国民との関係に於て、責任を帰せられないが、而《しかれど》も、責任の帰着する所を定むるが為に、大臣の責任を認むると云うことの意味が、了解せられないのである。これでなくば、大臣責任の制度は無意味のものとなってしまう。

大臣の責任が国民に依って問われ得るとせば、更に之を問うの手続がなくてはならぬ。此の手続なくんば、国民は実際上大臣の責任を問うことが出来ない。我が国の現状が即ち之である。我が国法に於ては、大臣の責任を問い得ると云う大原則は定まって居るけれども、而も之を実行するの手続が定まって居ないから、結局之を問うことが出来ない。

さて、大臣の責任を問うの手続としては、種々の方法が考えられるが、現今諸国の制度に就て、其の根本主義を探るに、大体二つに分れる。其の一は、議会が——正確に云うときは、議会内の一院である——大臣の責任を問うの訴を起して、而して議会其のものが又《また》之を判定するのである。其の二は、議会が右の訴えを起して、議会以外の機関——或は普通の裁判所たることもあり、或は特別の裁判所たることもある——が之を判定するのである。何《いず》れの方法を可とするかは、一概に決し難い。殊に、大臣の責任の繋がる所が、法の問題であるか、将又《はたまた》政策の問題であるかに依って、之を判定する機関を異にすべきものと、私は考えるのであるが、いずれにしても、必要なるは、議会が大臣の責任を問うの訴を起すことである。之を弾劾と云う。而して弾劾に基《もとづ》いて、当該機関の判定あり、其の結果大臣が其の地位を退くに至るのである。

然れば、弾劾は、大臣の責任を糺《ただ》すに必要なる制度であって、之あるが為に、一方に於て、君主無責任の精神を貫徹することを得べく、又《また》他方に於て、大臣の地位と普通の官吏の地位との差異を維持し得るのである。それ故に、大臣に責任ありとして、而《しか》も弾劾の方法を定めざる我が国の制度は、恰《あたか》も人の形をして而も人でない所の人形に類して居る。我が国の政治家諸氏は此の点に就て、考慮を費して貰いたい。

然《しか》るに、不思議なるかな、我が国では、従来議会に於て、大臣の弾劾なることが行われて居る。冷静なる法理を以てせば、それは全く無意味のものたるに過ぎない。議会は、其の権限に属せざることをして居るのである。今回の議会に於ても亦然《またそ》うであって、彼の弾劾案は否決せられたが、若《も》し仮りに、それが可決せられたとしても、それは、国法上何等の意味もない。誤解してはならぬが、私は、今決して、弾劾の制度を無価値だと説いて居るのではなく、唯《ただ》弾劾の制度の存せざる我が国に於て弾劾をしても無意味であると注意するのである。換言せば、斯《か》かる無意味のことを繰返して居る我が政治家諸氏は、根本的に為すべきことを忘れて居るのではないかと思うのである。それは何ぞや。外《ほか》ではない、我が政治家諸氏は、先《ま》ず以て、弾劾の制度其のものを設けることに尽力せねばならぬ。議会の権威は重いものである。併《しか》し、議会と雖《いえど》も国法を重んぜねばならぬ。否、議会と雖ではない、議会だから――議会は実に政府をして違法の処置なからしむるよう監督するものである――国法を重んぜねばならない。議会だから権限に属せざる行動をしてもよいと云うの理由はない。が、仮りに権限論は之を措くも、斯る無意味のことをして居ては、結局議会の権威を損するに至ると云うことは、大に憂うべきである。と云うのは、若し議会が、弾劾の決議をしても、政府が、之を国法上無意味のものとして顧みぬならば――我が国に於ては、将来此のことの絶無を保証し難い――どうであろうか。議会の権威はなくなるであろう。我が現行制度の下に於て、議会が、政府不信任の実を示すには、予算を否決すると云うが如き迂廻《うかい》的方法に依るの外はなく、弾劾其のことを為し得ない。それであるから、先ず弾劾の制度其のものを設けねばならぬ。実際上弾劾と云うことを行って居る我が政治家諸氏や、又《また》之を、当然のことであるかの如き態度を以て、観て居る我が一般の国民は、弾劾の制度其のものを設けよと云う私の主張に反対することはあるまい。弾劾の制度を設くることは、我が政界慣用の行動を適法ならしめ、又実効あらしむる所以《ゆえん》である。我が政治家諸氏が、現行制度の下に於て、弾劾を試みんとするは砂上に家を建てんとするが如きである。私は、先ず以て、其の土台を改めんことを勧めたい。

第三の方法は、大臣自らの発意に依って、其の地位を退くことである。之を辞職と云う。一般に官吏が極度の責任を感じた場合には、何人に依って責任を問わるるまでもなく、自ら辞職すべきものであって、此の点に於ては大臣も普通の官吏も何等の差はない。が、一旦《いったん》申出でた辞職を貫徹することに就ては、大臣と普通の官吏との間に大なる差異がある。之を説くに先《さきだ》って、私は、辞職の意味を、少し精密に考えて見たい。

一般に、辞職と、一口に言われて居るが、私の考では、辞職に二種あることを注意せねばならぬ。一は責任を負うが為にするの辞職であって、他は意見の相違の為にするの辞職である。官吏が、其の意見を容れられざるが為、其の地位に居り得ないで、辞職することがあるが、此の場合には、若《も》し、其の意見が容れられるならば、官吏は其の辞職を思い止まって留任するも差支《さしつかえ》ない。啻《ただ》に差支ないのみならず、公人としては、寧《むし》ろ留任すべきものである。大臣も亦《また》同様であって、君主が大臣の意見を御用いにならないとき、大臣が国家利益の為に其の意見を曲げ得ないと信ずるならば、是れ即ち大臣が輔弼の職務を尽し難いのであるから、辞職するの外《ほか》はないが、然《しか》しながら、君主が大臣の意見を御用いになる暁《あかつき》には、其の大臣は留任すべきものであろう。

然しながら、官吏が責任を負う為に辞職する場合に於ては、大臣と普通の官吏とは、一様に論ずることは出来ない。普通の官吏の場合には、其の官吏自身は、辞職すべきものと思うも、其の上官に於て、其の責任が辞職を要するの程度に至らぬとして、留任を勧告するならば、責任の帰着を明《あきらか》にするの点だけから云うときは、必ずしも、留任するを妨げない。何故かと云うに、此の場合には、其の責任は、其の官吏の外、更に留任を勧告した上官も亦《また》之を分つことと為るからである。大臣の場合は之と違ふ。

大臣が責任を負う為に辞職したとき、君主が直に之を聴許《ちようきよ》せられた場合は、問題はないのであるが、君主は或は之を聴許せられないこともあろう。此の場合には大臣の進退は如何にすべきか。私は、立憲制度の下に於ては、留任の余地のないものと思う。抑《そもそ》も大臣の辞職するは、大臣が深思熟考の上、辞職すべきものだと判断したからである。元来、君主が大臣の地位を退かしむるや否やを決することは、其れ自身重大なる国務であって、従って一大臣の輔弼すべきことである。即ち辞職を申出でた大臣も亦未だ其の聴許あらざる間は、自己の地位を退かしむるや否やに付て、君主を輔弼せねばならぬ。然るに、既に、其の大臣は自ら、其の地位を退くべきものだと信じて辞職して居るのであるから、此の場合に、其の大臣が君主を輔弼するの唯一の方法は、君主をして、自己を罷免せしむるようにすることに在る。既に辞職を申出で居る大臣が、自己の辞職を聴届くべきや否やの国務に就て君主を輔弼するには、君主をして之を聴届けしむること以外に、如何にして之を為し得るであろうか。若《も》し、此の場合に、君主の御聴許なきが為に留任するならば、是れ其の大臣は、自らは其の地位を退くを至当と考えながら、君主をそれに導かぬものである。即ち君主を輔弼せぬものである。留任の場合にも、輔弼ありと云い得ることありとせば、それは、其の大臣自らも——君主のみではなく——留任を可と考えた場合でなければならぬ。若し然《そ》うであるならば、始めの辞職は、真正の辞職ではなく、辞職すべきかどうかと、君主の意見を問うたものに過ぎなくなる。それならば、辞職とすべきではなく、進退伺いとすべきであろう。然れば、辞職した大臣が、君主の命に依って留任するときは、其の大臣は、自己を辞職せしむべきや否やの点に付て、君主を輔弼しなかったか、又は、之を輔弼したとすれば、辞職が仮装せられたる進退伺いであったか、何《いず》れか一となり、即ち一種のヂレンマに陥るのである。それ故に、真正の意味の辞職としては、最早《もはや》留任の余地はない。此のことは、全く、辞職した大臣も、辞職を聴届くべきや否やの決定それ自身に付て君主を輔弼すべきものだと云うの結果である。曩《さき》に議会に於ても、大臣留任の問題が論ぜられたが、私の考では、其の攻撃の論も、其の弁護の論も、共に徹底しなかったように思う。其の問題と為った留任大臣の辞職は、意見の相違の為の辞職ではなく、責任を負う為の辞職であったとは、当局自ら明言して居らるる所であるが、果して然《しか》らば、私は、前述の理由に依って、留任の余地はないと思う。辞職を聴許すべきや否やの決定其のものが、辞職した大臣の輔弼すべき国務であると云うことを忘れてはならぬ。大臣は責任を感ぜねばならぬが、而《しかれど》も軽々しく辞職すべきものではない。之を為すは千思万考の結果であらねばならぬ。而《しか》して一旦《いったん》之を為したる以上は、之を貫徹することが即ち大臣の君主を輔弼する所以《ゆえん》である。

若《も》し夫《そ》れ大臣の進退伺なるものに至ては、実に大に非なるものである。大臣の進退伺は、従来我が国に於て慣行のことであって、世人も怪しまないようであるが、私はかねて、之を遺憾として居るから、茲《ここ》に序《ついで》を以て一言したい。大臣の進退伺なるものは、如何に大臣の進退を定むべきかを、君主に伺うものであるが、元来其の大臣の進退を決すること其のことが、国務として其の大臣の輔弼すべきものであるから、進退伺なるものは、畢竟其の大臣が或国務に付て、輔弼を免れんとするものと云わねばならぬ。其の不都合なること論ずるまでもない。此《かく》の如きの妄挙は将来断然廃止すべきである。

十　立憲主義と議会政治

以上は立憲主義其のものの説明であるが、更に之を君主主義の立場から観なければならぬ。そこで、立憲主義と君主主義との調和と云う問題が生ずるのである。元来君主主義は民主主義に対するものであるから、立憲主義と君主主義との調和は、結局、立憲主義が民主主義ではないと云うことに存する。君主主義と民主主義との差異は、全く統治権が君主に依りて総攬《そうらん》せられるか、又は国民に依って総攬せられるかの点に存するのであるから、君主が、其の統治権の行使に付て、制限を受くることは、決して君主たるの本質を害するものではない。即ち立憲主義は民主主義とは何の関係もない。此に於てか、立憲君主制度なるものが成立するのである。尤《もっと》も、立憲君主制度の下に於ては議会なる国民的国家機関——国民に依って作成せられる国家機関——があって大なる権威を持って居るけれども、之が為に、議会の参与する範囲に於ける統治権が、君主から議会、詳言《しょうげん》せば議会を通じて国民に移るのではない。君主が統治権の総攬者たることは、立憲君主制度に於ても、専制君主制度に於けるが如く然《しか》りである。左に少しく之を説こう。

立憲制度の下に於て、実際政治の運用上議会が中心となることは自然の勢《いきおい》である。一般に行政は、法律即ち議会の参与したものの範囲内に於て行われねばならぬのみならず、或場合には、行政其のものが直接に議会の参与を要する。彼《か》の国債の募集の如きは即ちそれである。且《かつ》行政を行うに当って必要なる費用の支出も亦《また》、予算として議会の参与に依って決せられねばならぬ。乃《すなわ》ち、君主が統治権を行使するに当っては、其の議会との関係が円満なるに非ずんば、到底《とうてい》国務の遂行を完全にすることは出来ない。然るに、君主が国務を行うは、必ず国務大臣の補弼に依るのであるから、君主が円満に国務を行うには、結局、其の国務大臣を任用するに当って国務大臣と議会との関係と云う点に着眼するの必要が生ずる。換言せば、君主は、議会との関係の円満なる国務大臣を任用しなくては、完全に国務を遂行し得ない。君主が国務大臣を任用するに当って、苟《いやし》くも其の立脚地を議会に置くならば、それを広義の議会政治と云うてもよかろう。が、今日一般に議会政治と云うものは、もっと限定せられたものである。之を説くには、君主が国務大臣の任用の立脚地を議会に置くの方法を見ねばならぬ。一体国務大臣と議会との円満なる関係は、国務大臣が議会の多数党に依って維持せられて居るときに於て、始めて見るものである。尤《もっと》もことわって置くが、茲《ここ》には、政党の存在を前提として論ずるのであって、政党の利害得失は別に研究を要することであるが、然《しか》しながら、議会制度の下に於ては、政党の発生は必然のもの——議会制度其のものの要件と云うのではなく、人類が議会制度を行うに当って自然に生ずる事実と云うのであると思う。さて国務大臣が議会の多数党に依って維持せられると云うにも亦二つある。其の一は、国務大臣が議会の多数党其のものに属する場合——議員たると議員外の党員たるとの別は之を措く——であって、其の二は、国務大臣が多数党に属せざるも、而《しかれど》も之に依って維持せられて居る場合である。それ故に、君主が、議会の多数党に属せざるも而も之に依って維持せられる国務大臣を任用するも、亦均《ひと》しく其の立脚地を議会に置くものであって、之を前に示した広義の議会政治と云うも差支《さしつかえ》ないが、然しながら、実際に於ては、それは困難であって、多数党其のものに属する国務大臣を任用するに於て、始めて、最も円満なる関係を期し得るのである。それ故に、政党が発達するに従って、君主が大臣任用の立脚地を議会に置くの方法として、多数党其のものに属する国務大臣を任用するの傾向と為る。之を、前の広義の議会政治に対して狭義の議会政治と云うてもよい。世人が今日通常議会政治と云う所のものは即ち之である。が、吾々は更に精密に考えねばならぬ。

世人の議会政治を云うの説には、不明の点がある。世人は、動《やや》もすれば曰《い》う、立憲政治は即ち議会政治であると。此の場合の議会政治とは何を意味するものであるか。世人が議会政治と云うは西洋の学者の用語に従ったものであろうが、西洋の学者自身は、所謂《いわゆる》議会政治の語を用いるに就ては、綿密の注意を施して居る。之に依れば所謂議会政治には、二つの意味を区別せねばならぬ。其の一は君主が、円満に政治を行うが為に、適当な方法だと思考して、議会の多数党に属する者を国務大臣に任用することであって、其の二は、君主が、国法上然《そ》うせねばならぬとして、議会の多数党に属する者を大臣に任用することである。第一の意味の議会政治は、立憲主義が実際に於て最も円満に現れる形式に過ぎない。之を運用上の議会政治と云うてよかろう。第二の意味の議会政治は、君主が然うするがよいからするのではなく、然うせねばならぬからするのである。之を制度上の議会政治と云うてよかろう。

君主が国務大臣を任用するに当って之を議会の多数党から取らねばならぬとせらるるならば君主は議会の意志を執行するに過ぎないものと為る。其の君主主義を破壊すること云うまでもない。それ故に制度上の議会政治は君主主義と相容れないものである。然《しか》しながら、君主が円満に政治を行うが為に適当な方法だとして、国務大臣を議会の多数党から取るならば、それが君主主義に牴触《ていしょく》するものでないこと弁ずるまでもない。即ち、運用上の議会政治は君主主義と相容るるものである。議会政治と聞くと、すぐ英吉利《イギリス》の政治に想い到るのであって、英国の君主は、人の知る如く、非常の場合を除いては議会の多数党に属する者を、国務大臣に任用せらるることと為って居る。さて英国の右の主義が、運用上の主義であるか将《はた》又《また》制度上の主義であるか。私は今軽々に之を論断し得ないが、試みに英国自身の学者の説を聞くに、それは、憲法の規則ではなくて憲法運用上の含みであるとする有力な見解もある。此の見解に従えば、英国に於ても運用上の議会政治が行われて居るものと云わねばならぬ。それであるから、所謂《いわゆる》議会政治なる語を用いるときには、注意深き説明を加えるの必要がある。

君主主義と相容れざる制度上の議会政治は論外であって、残る問題は、運用上の議会政治の是非如何——勿論《もちろん》立憲政治の立場から観て——に在る。之が解答は何人に向っても容易であろう。既に議会と云う政治運用の中心を生ずべき制度を取る以上、議会と国務大臣との円満な関係を保たねばならぬ。然《しか》らずんば政治其のものが根本的に不可能と為るのである。而《しか》して其の円満な関係を保つの手段は、国務大臣を議会の多数党から取るを以て第一とすることと、前に述べた通りであるから、運用上の議会政治は、立憲政治に伴う所の自然の結果である。然《さ》れば、立憲政治が発達すれば、自然君主は一方に於ては、議会の多数党に属する者を国務大臣に任用し、他方に於ては議会の多数党を失った国務大臣を罷免する——精密に云えば、多数党を失った大臣が辞職して、君主が其の辞職を聴届くる——ことと為る。唯、それは君主が然《そ》うするがよいと思うて、然うするのである。然れば、君主が然うするが悪いと思うときは、勿論、議会の多数党とは関係なしに、国務大臣を任用し得る。がそれを悪いと断定することは実際の場合に就て余程《よほど》困難であって、議会の多数党から国務大臣を取ることが、大体に於て国務の遂行を円満ならしむる所以《ゆえん》である。然れば、通常の場合には、非常に独断的な君主に非ざる限《かぎり》は、議会の多数党から国務大臣を任用するであろう。唯、君主が国務大臣を議会の多数党から取ることに満足し得ないならば、勿論《もちろん》君主は議会の多数党と関係なしに、国務大臣を任用するの外《ほか》ない。が、それは非常の場合である。非常な場合に議会の多数党を無視するの地位に在て、而《しか》も通常の場合に、其の多数党を利用——決して服従ではない——するのが立憲制度に於ける君主の用意であらねばならぬ。

十一　違憲と非立憲

政治は固《もと》より憲法に違反してはならぬ。而《しかれど》も憲法に違反しないのみを以て直に立憲だとは云えない。違憲では無いけれども而も非立憲だとすべき場合がある。立憲的政治家たらんとする者は、実に此の点を注意せねばならぬ。違憲とは憲法に違反することを謂うに過ぎないが、非立憲とは立憲主義の精神に違反することを謂う。違憲は固より非立憲であるが、然《しか》しながら、違憲ではなくとも非立憲であると云う場合があり得るのである。然《さ》れば苟《いやし》くも政治家たる者は違憲と非立憲との区別を心得て、其の行動の、啻《ただ》に違憲たらざるのみならず、非立憲ならざるようにせねばならぬ。彼《か》の違憲だ、違憲でないと云う点のみを以て攻撃し、弁護するが如きは、低級政治家の態度である。

違憲でなくとも非立憲であることの避くべきは、国務大臣の行動及《および》議会の行動に関して特に注意せねばならぬ。

先《ま》ず、国務大臣は、第一義として、自ら責任を明《あきらか》にすることを心がけねばならぬ。これは、前に述べた所の立憲主義から観た大臣責任の意味に徴して勿論であるが、特に弾劾制度の設《もうけ》なき我が国に於ては、一層必要なことであって、大臣が議会の弾劾に依って責任を問われないだけ、それだけ益《ますます》自ら責任を明にせねばならぬ。尤《もっと》も、一般に責任を正するの手段には種々あるが、大臣が自ら責任を明かにするの手段としては、辞職するの外《ほか》はない。それ故に、前にも述べた通り、大臣は軽々しく辞職すべきものでない。而《しかれど》も一旦《いったん》辞職した以上は、之を貫徹することが、君主を輔弼する唯一の道である。辞職しても君主の聴許《ちょうきょ》なきときは法理上、依然として大臣の職に居るの外はなく、それは決して違憲ではない。然しながら此の場合に大臣が、君主を輔弼する方法として、其の辞職を貫徹せしめないならば、之は到《とう》底《てい》非立憲たるを免れぬ。

大臣が自ら責任を明にすることは、右述の如く立憲主義の精神であるのみならず、それは、我が国固有の君臣の関係を維持するが為に、最も必要なことである。大臣弾劾制度の設なき国に於ては、大臣が責任を感じつつも、而《しかれど》も自ら責任を明にするの手段に出でないならば、又は、一旦自ら責任を明にするの手段に出でたるも、君主の意志に依って其の手段の貫徹を中止するならば、国民は果して孰《いず》れに向って其の責任の帰着点を求め得るであろうか。大臣弾劾の手段もなく、又《また》大臣自らも徹底的に責任を負わない場合に、大臣の責任を正すには、君主が大臣の責任を問うの外《ほか》はない。而も君主が之を不問に附したりとする。此の場合に、国民が右の大臣の責任を明にすべきものだと信ずるならば、其の責任を問い得べき唯一の威力者たる君主が之を不問に附したと云うことに対して、果して如何なる感想を懐《いだ》くであろうか。私は、此の点に於て大に惧《おそ》るべきものがあると思う。尤《もっと》も之は一般の君主国に付て云うたのである。現今我が国に於ては、国民は、如何なる場合にも、君主の御処置に悦《えっ》服《ぷく》するものであって、言動としては勿論《もちろん》心中に於ても、彼是《あれこれ》と非議《ひぎ》し奉るようなことは致さない。が、未来永遠に亙《わた》りていつまでも、然《そ》うだと期し得べきものであろうか。少くとも、国務大臣たる者は此の如き事情を前提として行動すべきものではない。換言せば、国務大臣は、国民は如何なる場合にも君主の御処置を非議し奉るものでないとして、行動してはならぬ。寧《むし》ろ、国民が如何なる場合にも、君主の御処置を非議し奉るような結果を生ぜしめないようにと、行動せねばならぬ。それには、国務大臣が自己の責任を感じた場合に、之を明にすることを貫徹するの外はない。然れば、大臣弾劾の制度のない我が国に於て、国民が君主の一切の御処置に悦服すると云う我が国固有の美風を維持するが為には、大臣が自ら責任を感じた場合に、徹底的に之を明にすることを必要とするのである。

　次に考うべきは、議会に於ける上下両院の関係だが、之に就ては、私の他の場処で論じて置いたから、茲《ここ》には、唯《ただ》其の結論を一言しよう。両院の意見が一致する場合は問題とならぬが、若《も》し其の一致せない場合はどうであろうか。此の問題は、或議案の運命及び政府の運命の両者に関して起るのである。先《ま》ず議案の運命に就て述べんに、両院各《おのおの》独立の意見を固執することは固《もと》より憲法違反ではない。けれども、立憲主義の精神から云うと、大体に於て、殊に一般国民の財産上の負担に関係ある議案に就ては、両院中比較的多く国民の意志に近いものと考えらるる方に依るを至当とする。之は勿論《もちろん》下院であるから、大体に於て、殊に、一般国民の財産上の負担に関係ある議案に付ては、上院が或程度までは下院に譲歩するのが、立憲主義の精神に諧《かな》うものである。尤《もっと》も、此の場合に、実際上果して下院の意見が上院の意見に比して、国民の意志に近いか否かは疑問に属するのであろう。上院の意見が却《かえっ》て国民の意志に近いこともあり得る。併《しか》し、それは畢竟するに水掛論であって、国家が公の問題を取扱う場合には、下院の意見を以て、比較的国民の意志に近いものと見るの外《ほか》はない。然《そ》う見るべきとするの点に於て、国家の秩序があるのである。そこで、如何にも、下院の意見が国民の意志に背いて居ると疑われる場合に応ずる為め、下院を解散して国民の意志を問うと云う手段を、国家が設けて居る。然れば、国家の公の問題を取扱うものとしては、結局下院の意見を以て国民の意志に近いものと云うより外はない。次は政府の運命の問題である。政府が下院の反対の結果倒れることは、寔《まこと》に已《や》むを得ないのであるが、政府が下院に依っては維持せられつつ、而《しか》も上院の反対の為に倒れると云うことは、甚《はなは》だ望ましくない。それは勿論《もちろん》憲法違反ではないが、而《しかれど》も然う云うことを馴致《じゅんち》すと云うのは、立憲政治の発達上頗《すこぶ》る憂うべきものである。先年山本〔権兵衛〕内閣が下院に多数を制しながら、上院の反対に依って倒れたとき、私は、山本内閣に対する世間の非難を諒として、山本内閣其のものの倒れることは惜《おし》まなかったが、唯《ただ》下院に依って援助せられて居る内閣が上院に依って顚覆《てんぷく》せられると云うこと其のことが、憲政の発達上憂うべき悪例を生じはせぬかと、立言したことがあった。而《しか》して今や我が国政界の実状は、私に、私の彼《か》の立言が先見を欠いた杞憂であったと、謙遜することを許さないように見える。下院に志を得ない所の政党が、政府を倒し得るが為には、上院の力を借ることを辞しないのみならず、或は進んで政府に対する上院の反抗を煽動することをも敢てすると云うような傾向が、果して現今我が国の政界に無いであろうか。之は、決して、政党的問題ではない、実に我が憲政其のものの問題である。私は、我が国政党界の領袖《りょうしゅう》諸氏が、当面の政略を研究すると共に、更に高処に着眼せられんことを切望するものである。

十二　憲政と我が国民性

制度は死物にて其の活用人《ひと》に在りとの、古来の慣用語は、人の好んで口にする所であるが、今日此の語を用いるは或注意を以てせねばならぬ。若《も》し之を解して、制度はどうでも構わぬ、人さえよければよい、と云う意味とするならば、それは到底《とうてい》今日の立憲政治や法治行政と相容れないものである。私は、我が国の反動的傾向を有する者が、彼《か》の慣用語を引くのを見て、時に危険を感ずることがある。何となれば、国民の殆《ほと》ど公理だと信じて居る所の右の格言は、一種専制政治を謳歌するの思想を国民に鼓吹《こすい》すべく、悪用せられ得るからである。彼の格言の意味は、蓋《けだ》し、制度はどうでもよいと云うのではない。制度は勿論《もちろん》よくなくてはならぬ。唯、制度がよくても、之を運用する人がよくなくては、制度のよい効がないから、結局人の問題に帰すると云うのである。若し彼の格言が此の意味でないとするならば、今日之を引用してはならぬ。而して私は、此の意味に於ては、彼の格言が一般に政治を人の問題に帰することを承認するのみならず、特に今日の立憲制度に於て、彼の格言を尊重したい。政治が人に帰すると云うの、人なるものが、昔と今とは大に違う。専制制度に於ては、政治をする人は、狭い範囲の政治家なるものに限られて居たが、立憲制度に於ては、政治をする人は広く国民である。それ故に、政治が人に帰すると云うことが、立憲政治に於ては、専制政治に於けるよりも遥《はるか》に重大なる意味を持って居るのである。此に於てか立憲政治と国民性との関係なる問題が起らねばならぬ。

一般に立憲政治を実現するが為に、国民の有すべき性格如何に就ては、種々の見解もあろうが、私は特に責任の観念を挙げたい。彼の世人の普通に論ずる共同心と云うが如きものも固《もと》より必要ではあるが、併《しか》し、それは実は、特に立憲政治に限ったことではない。一般に国家的生活を為す以上、常に共同心を必要とする。而して立憲政治に於て、特に責任の観念を必要とするは、国家機関の地位及び一般国民の地位の両者に本《もと》づく。

第一に、国家機関の地位を観るに、既に述べた如く、責任の帰着を明《あきらか》にすることが立憲主義を維持するが為に欠くべからざる条件である。然らば国民が国家機関として行動するに当って責任の観念を有せざるべからざること、論ずるまでもない。而して責任の帰着を明にするには、其の前提として、行動を公明にせねばならぬ。彼の国務大臣が議会に於て答弁するを要し、又議会が議事を公開するを要すとせらるるは、即ち之が為である。而して独り国務大臣や議会の行動のみに限らず、総《すべ》て政治的行動は、極めて公明にせねばならぬ。之には、国民が一般に其の態度の公明を尊ぶの気風に富むことを要するのである。

第二に、一般国民の地位を観るときは、立憲政治の実現に国民の責任の観念の必要なることが、益々《ますます》明と為るであろう。私は前に、国家機関としての行動と云う立場から、国民の責任の観念を説いたが実は之は抑《そもそ》も末の問題である。国民は、国家機関たることに関係なく、一般の国民として、政治が自己の責任に帰するものだと云う観念を持たねばならぬ。何故かと云うに、立憲政治は結局国民が政治を自らして居るものだからである。政府は議会に立脚して居り、議会は国民の選挙に成るものであるから、政治は国民が自らして居るのである。然《しか》らば、国民たる者は、国家機関の地位に在ると否とを問わず、政治に付て、責任を感ぜねばならぬ。

国民が、国家機関たることとは関係なく、政治の責任を負うことは、直接には議会との関係に於て、間接には政府との関係に於て現れる。

先《ま》ず、議会との関係に於ては、国民は、選挙を慎重にすべきは勿論、一旦《いったん》選挙した議員の行動に注意せねばならぬ。之を為さずして徒《いたず》らに議員を罵《ののし》るは、天に唾するものである。

次に、政府との関係に於ては、国民は常に時の政府の政策に留意せねばならぬ。従って忌憚なく之を論評し、場合に依って時の政府の更迭を要求するも少しも差支《さしつかえ》ない。が、それは、常に政策の遂行と云う立場に於てせらるべきものであって、唯《ただ》政府と云うものに反対するの勇気を尚《たっと》ぶと云うのであってはならぬ。此の点に就ては、私の観察にして誤らずんば、我が国に於ては、間違って而して頗《すこぶ》る幼稚な思想があると思う。それは、官民の関係に関する誤解である。第一に、世人は、官に反対すると云うことそれ自身を以て、唯訳もなく、一種偉いことのように考えて居るのではあるまいか。成程《なるほど》、昔の専制君主時代、我が国の憲法発布前後に於ては、官に反対するには多大の犠牲を払わねばならなかった。其の時代に於て、官に反対することは、其の目的如何に拘《かかわ》らず、其れ自身、真に偉いことであった。私は、実に、当時の我が先覚者の言動に対して尊敬の念を禁じ得ない。併《しか》しそれは昔のことである。今日の如く言論や行動の自由の認められて居る時代に、官に反対すること其のことが、何が故に偉いことであろうか。反対すべくして反対し、賛成すべくして賛成するのが最も偉いのである。第二に、世人は、官に反対することを偉いとせざるまでも、唯《ただ》訳もなく官を卑《いやし》み民を尊ぶの風はないであろうか。立憲政治は、国民が、議会を通じて又《また》政府を通じて、自ら政治をするのであるから、其の精神は官民一体に在る可《べ》きである。官尊民卑と云うことが立憲政治と相容れないと同じ意味に於て、民尊官卑と云うことも亦《また》立憲政治と相容れない。官民の間に尊卑なしと云うのが立憲政治の本体であると、私は思う。之は国民の一般的思想を述べたのであるが、特に政治家の進退と云う問題に関して、右のような思想があるのは旧式たるを免れぬ。一般国民も又政治家自身も、野《や》に在ること其のことを以て高しとし、朝《ちょう》に立つこと其のことを以て卑《ひく》しとするが如きは、幼稚なる思想である。苟《いやし》くも政治家たる以上、朝に立って政権を握ることを望むべきである。政権に近づくことが悪いのではない。唯其の目的が政策を行うが為であり、又其の手段が正当のものたるを要するのみである。彼《か》の何等の政見なく又手段の如何を択《えら》ばずして政権を握ること其のことに腐心するが如きものは、私は始めから問題外に置く。斯《か》く考え来《きた》れば、彼の新聞紙が、官に反対すれば、単に其のことで世人に歓迎せられるが如き社会、又人気ある政治家が其の人気を保つが為には、いつまでも野に在らねばならぬが如き社会は、立憲政治の立場から観て、幼稚のものである。

以上は、一般に立憲政治の実現に必要なる責任の観念を説いたのであるが、さて、現今我が国民は責任の観念に富むものであろうか、又現今然《そ》うでないとしても、然うなり得るものであろうか。吾々の問題は実に繋《かか》って茲《ここ》に在るのである。我が政界の現状や之に対する世人の態度を観るときは、今日我が一般の国民が強い責任の観念に富むとは云えない。之は、今や我が国識者の非難して居る所である。然らば、我が国民は到底《とうてい》強い責任の観念を持ち得ないものであろうか。此の問題は、重大なるものであって、私自らは到底根本的に之を研究するの能力を有せぬから、寧《むし》ろ他の人々の研究を促したいのである。が、今試みに、管見の一端を示して世人の教を請うて見よう。

他人から公務を命ぜられた場合に、それに付て強い責任を感ずることは、寧ろ、我が国民の一部の階級の特色であった。武士の割腹の如きは即ち之を証明する。西洋人などが、武士の割腹を評して唯《ただ》其の勇気を賞するが如きは、蓋《けだ》し皮相の見であって、割腹は実に自己の責任を明《あきらか》にするの極度であったのである。此の如《かく》く責任を重んずる階級には、又自《おのず》から公明の態度もあった。彼の仇《あだ》を討つにも闇討を避けて堂々と名乗りを揚げたと云うが如きは、即ち公明の心の表現に過ぎない。唯、惜《おし》いかな、斯《かか》る責任の観念は、我が国民一般の階級に通じて発達したのではなく、一部の階級の間にのみ発達したもののように思われる。而《しか》して此の一部の階級は、縦令《たとい》責任の観念に関する特別の教育を受けなくとも、或程度までは自然に其の観念を生ずるような境遇に在った。然《しか》るに維新以後、殊に立憲政治となってより、如何なる階級の国民も皆一様に公務に関与するようになった。其の結果、一方に於ては、従来境遇上責任の観念に乏しかった一般の階級の国民も政治に関与することとなり、他方に於ては、従来境遇上責任の観念を持って居た一部の階級の国民も、一般世間に交るにつれて、政治上責任の観念を磨滅《まめつ》するに至ったのであるまいか。私には然《そ》う思われる。果して然りとせば、責任の観念は根本的に我が国民にあり得ないと云えぬ。寧《むし》ろ従来一部的階級道徳として存在して居たのである。従って、吾々は、此の従来の一部的階級道徳を一般的国民道徳とすべく努力すればよい。私は、勿論《もちろん》現今我が政界の無責任なるを慨嘆するけれども、而《しか》れども、我が国民性を以て根本的に責任の観念と一致しないとするような見解を排斥したい。此の如き見解は余りに国民自ら侮《あなど》るものである。

然《しか》しながら、政治を自らして居るから責任を感ずと云う思想は、従来我が国民には無かったものと思う。之は、国民が政治を自らすると云う思想其のものが無かったのだから、已《や》むを得ない。所《ところ》が、立憲政治の実現に最も必要なるものは、実は、他人に依って公務を命ぜられたことに付《つい》ての責任の観念よりも、政治を自らすることに付ての責任の観念である。然らば、此の最も必要な意味の責任の観念は、根本的に我が国民性とは相容れぬものであろうか。之は、即ち、我が国民は、根本的に、政治を自らすると云う思想を有し得ないものかと云う問題である。然るに凡《およ》そ人類は自己主張の要求を持って居る。人類の自己主張の要求は、種々の方面に現れるが、それが政治上に現れては、政治を自らすると云うことと為るのである。乃《すなわ》ち立憲政治と為るのである。それ故に、我が国民にも亦《また》政治を自らするの思想が発生せざるを得ない。尤《もっと》も、国民が政治に付いて自己主張の要求を有すとは、決して、総《すべ》ての国民が現在其の要求を示して居ると云うのではなく、人類の性情として其の要求が潜在して居ると云うのである。現在此《かく》の如き要求を示して居ない国民もある。併《しか》し、此等の国民とても、一度自己主張の要求を意識するに至らば、以後必ず其の要求を貫徹せんとするのであろう。彼の政治教育の普及や選挙権の拡張などは、人類の右の一般的要求あることに立脚して始めて意味を有するものである。それ故に、我が国民が、現在政治を自らするの思想に乏しいのは、決して我が国民が根本的に其の思想を持ち得ないからではない。全く開発せられて居ないからである。然《さ》れば、社会の識者は、我が国民を、人類本然の要求を意識するように導かねばならぬ。我が国民を以て到底《とうてい》政治を自らするの思想、従って之に付いての責任の観念を持ち得ないものだとするは、余りに浅薄である。成程《なるほど》、立憲政治にも弊害が伴う。併しながら、今再び専制政治に立戻ることが出来るであろうか。開発せられたる現在の我が国民が、全く自己の意志に関係なく、政府者の意志のみに依って自由を制限せられ又《また》租税を賦課せられるとせば、果して満足するであろうか。何人も否と答えるであろう。現今の立憲政治は必ずしも理想的に実現せられては居ない。然《しか》しながら、吾々は之に依って政治上自己主張の手段を与えられて居ること其のことに安心するのである。立憲政治を呪う人は、先《ま》ず、専制政治となった暁《あかつき》、自ら——普通国民として治められる者としてである。政府者として治める者となって考えては駄目だ——満足するであろうかどうかと反省して見るがよい。

斯《か》く考え来れば、我が国民性が根本的に立憲政治を行うに適せぬと云うが如きは、皮相の見《けん》たるを免れない。憲政施行以来茲《ここ》に二十五年余、敢て短しとはせないが、而《しか》れども永遠に発展すべき国家の方針の試験に於て絶望するには余りに早い。一般に我が社会は、堕落の方面もあろうが、大体の趨向《すうこう》としては進歩して行く。政界も亦然《またそ》うである。直に理想に達し得ないからとて、其の理想其のものをも棄《す》てんとするは、自信なく又努力を吝《おし》むの薄志弱行者流ではあるまいか。自信而して努力、事は全く我が国民各自の覚悟に繫《かか》って居るのである。

（大正五年一月）

立憲政治の道徳的意味

第一　政治の道徳的意味を考うる必要

一　立憲政治其のものの為に

国家現象の研究に従事する私が今、立憲政治其のものを論ずることから更に歩を進めて、特に其の道徳的意味を論ずるに当って、先《ま》ず其の理由を明示して置きたい。私が此の問題に想い到ったのは、勿論《もちろん》此の種の考察に対する私の究理的趣味に基《もと》づくのであるが、然《しか》しながら、之に就《つい》て卑見を公にするのは、単に私の感興からではない。我が国民の政治的思潮が徹底的理解を欠くと思わるる今日、苟《いやし》くも公明なる心事に於て構成せられたる意見を有する者が、虚心坦懐に之を吐露して、世人の参考とすることが我国家発展の真実の基礎を築く所以《ゆえん》だと、私は信ずるのである。

我が国憲法の精神が我が政治の実際に於て貫徹せられて居ないと云うことは、識者一般の認むる所であって、多少形容的の言葉を用いるならば、「立憲制度ありて立憲政治なし」と云うのが目下の国状である。此《かく》の如き現象を来《きた》したる原因は、一に之を我々国民自身の実行上及び思想上の態度に求むるの外《ほか》はない。実行上の方面に於ては政治家や普通国民の政治的行動の腐敗が、立憲政治の実現を妨げることは、世人の斉《ひと》しく知る所であって、所謂《いわゆる》政治家の無定見や選挙運動の醜陋《しゅうろう》など、今更《いまさら》之を指摘するまでもない。それよりも注意すべきは思想上の方面に於けるものであって、普通国民の一部や思想家の一部や教育家の一部の間に於て、立憲政治を嫌悪するかの如き言動の見ゆることである。何が故に此の如き思想上の傾向を生じたかと云うに、二つの主なる理由を挙げねばならぬ。其の一は前述の実行上の方面と関連するものであって、或は政治家や普通国民の政治的行動の腐敗を目撃する者が、感情上自然に立憲政治を嫌悪するに至ることもあり、或は右の腐敗行動を以て立憲政治其のものを実現する政治的行動なりと誤解して之を嫌悪するに至ることもある。其の二は理論上の錯誤に依るものであって、即ち理論上立憲政治を以て何等か害毒を流すべきものなりとして之を嫌悪するものである。尤《もっと》も斯《か》かる考えを懐《いだ》く者の中には、自発的に斯《か》く考うるよりも、一部政治家や之を援助する一部言論家の立論に迷わされて、知らず識らずの間に理論上の錯誤に陥ったものもあろう。

然《しか》しながら、更に根本的に考えると、我々国民が我国の立憲政治に対して、右述べた如き態度を取って敢《あえ》て省みないのは、根柢に一の誤解を有するからである。それは政治と道徳との関係に関する誤解である。実行上の方面を見るに、政治家や普通国民は政治は道徳と関係のないものであるとし、従って其の政治的行動を為すに際して全然道徳観念に支配されないようである。思想上の方面に於ては之と反対に、政治は道徳を破壊するものであるとし、従って政治を呪い又は少くとも避けるのである。若《も》し世人が政治と道徳と密接の関係あることを思うならば、実行上に於ても真面目に政治を行い、思想上に於ても政治に注意するに至るであろう。然《さ》れば、立憲政治の実現を期するが為めには、其の道徳的意味を明《あきらか》にするの必要がある。元来我が国政治に対する我々国民の不満は今日に始まったことではないが、併《しか》し以前は唯《ただ》我が国の政治が幼稚であって立憲政治の実に乏しいことを嘆ずるものに過ぎなかった。然《しか》るに近来は立憲政治を以て道徳上害毒を流すものであるとするかの如く思わしむる意見を見るようである。之は大に注意すべく又《また》警戒せねばならぬ。

二　国民道徳の為にも

右述べた如く、立憲政治其のものの発達を計るが為に、其の道徳的意味を明にするの必要あることは、一昨年頃から特に私が感じた所である。然るに、其の後私は単に立憲政治其ののものの為のみではなく、道徳の為めにも、立憲政治の道徳的意味を明にするの必要あることを感ずるに至った。昨年の夏頃、私は次の如き新聞記事を見た。某なる通俗講演師があって各地の小学校に於て忠孝美談を為し謝礼を得て生活を為して居たのであるが、暑中休暇の為め講演をすることが出来ないから、遂《つい》に泥棒をして書物を盗んだと云うのである。而《しか》して其の忠孝講演師は各地の小学校から感謝状を貰って居る者であったと云う。此の記事は三面記事中の小記事として取扱われて居たのであるから、世人も恐らく之を気に留めなかったであろう。併《しか》し私は之に依って非常に有益なる暗示を得たのである。先《ま》ず私は、忠孝と云うことを商売に利用する者のあることを知った。而してそれが右の忠孝講演師のみに止《とど》まるであろうかと云う疑を懐《いだ》いた。之を利用する程度や方法こそ異なれ、同様の傾向を有する者が、他にもありはしないかと心配した。次に私は右の様な商売的の忠孝利用者を容るるの余地が我が社会にあることを知った。而して之を容るる社会が実に忠孝思想を鼓吹《こすい》するの職務を有すと云う教育社会であることに驚いたのである。之は勿論君子の道を以て欺かれたものであろうが、然《しか》しながら、根本的には此の如き社会が忠孝の真意義を理解せぬからではないかと、私は思う。教育界の人々は君に忠なれ国を愛せよと叫ぶ。が、さて、現今の国家に於て、如何なる行動を為すことが忠君であり愛国であるかを教えてくれないのである。忠君愛国の心を誇とする我が国民に向っては、単に忠君愛国を為せと教えることは、大した意味はない。忠君愛国の内容を示すことが必要である。然るに、私の考では、現今の忠君愛国は政治組織の徹底的理解に基礎を置くべきものであって、此の理解がない限《かぎり》は、何時《いつ》までも暗中模索の感を免れ得ないであろう。乃《すなわ》ち、忠君愛国の為めにも、立憲政治の道徳的意味を明《あきらか》にするの必要があるのである。

右述べた様な考から、私は昨年頃立憲政治其のものの説明から更に進んで、其の道徳的意味の説明をも、一部の人々に向って試みたことがある。所《ところ》が、其の後国民道徳と云うことの研究が問題となって、殊に一二箇月以来、哲学倫理の専門の学者が之に就て有益な意見を発表せられて居る。然るに、私は前述べた通り、国民道徳の中心たる忠君愛国に就ては、先《ま》ず以て如何なる行動を以て、現今の忠君愛国と云うかを明にすべきものであって、それは、今日の政治組織と離れては到底《とうてい》理解し得ないと思う。

斯《か》く考え来ると、世人に向って立憲政治の道徳的意味を示すことが、立憲政治其のものの為めにも、又国民道徳の為めにも、目下の必要事である。私が今改めて、広く卑見を公にする微意《びい》も亦《また》之に外ならない。

第二　政治の影響

一　腐敗の事実よりも事実の観方

政治の腐敗と云う言葉は、以前も今日も、同じく用いられて居るが、但《た》だ世人が此の言葉に対して与える所の感懐《かんかい》は、時と共に大に変り行きつつありはしないか。私は、之を以て、世相観上の一の重大問題であると思う。政治の腐敗固《もと》より憂うべきである。併《しか》し、更に憂うべきは、政治の腐敗に対する人心の麻痺である。政治の腐敗を憤慨する社会には、何処《どこ》かに、其の腐敗を除去せんとする努力が潜在して居るけれども、政治の腐敗に無頓着なる社会は、永久其の腐敗に抵抗することが出来ない。是《これ》の故に、識者は、政治の腐敗其のものに注意すると共に、政治の腐敗を観る一般社会の態度如何に注意せねばならぬ。以前は、政治の腐敗と云う言葉は、之を唱うる者に取ても、又《また》之を聞く者に取ても、之に対する憤慨を意味し、之を改革せんとするの努力を意味するものであった。然《しか》るに、今日世人が政治の腐敗を口にし、耳にするは、主として腐敗の事実として観察するのであって、之に対する憤慨の意味もなく、之を改革せんとする努力の意味もないように見ゆる。少くとも、此の如き意味が、以前に比して非常に減少したことは、争われない事実である。一言にして云えば、今日世人は、大体に於て政治の腐敗を以て、当然の事であって、毫《ごう》も怪しむに足らぬと思って居るらしい。之は抑《そも》も如何なる理由に依るのであろうか。

二　政治を特別扱にする傾向

政治の腐敗を当然のこととし、即ち政治を清潔のものでないとして怪しまない人々は、政治を以て、一般の生活現象の範囲外に在って従って一般の生活現象を律する道徳的規範に従うことなく、特別に取扱うて差支《さしつかえ》ないものであると、意識的に又は無意識的に考えて居るらしい。

或生活現象を特別のものと考え従って其の生活現象に関係ある社会をも特別のものと考えることは古来往々見ることであるが、それには二の種類を分つ。其の一は其の現象及び其の社会を特に尊敬するの思想があって、それが為めに尊敬の意を以て之を特別に取扱う場合であって、其の二は、其の現象及び其の社会を特に軽蔑するの思想があって、それが為めに、軽蔑の意を以て之を特別に取扱う場合である。往昔《おうせき》我が国に於て商売は特別の現象と考えられ、又《また》商人社会は特別の取扱を受けていたのであるが、想うに、之は一種軽蔑の意を以てしたのである。其の結果、例《たとえ》ば商人が嘘を吐《つ》くとか、商取引に詐欺類似の行を為すと云う如き腐敗があっても、それは商売であり、商人社会であるから当然のことだとして、我も人も之を怪しまなかった。従って商業道徳の低いと云うようなことも別に疑問とせられなかったのである。現時《げんじ》、世人が政治及び政治社会を以て一種特別なるものであると思うのは蓋《けだ》し、往昔世人が商売や商人社会を観た考と同一の意味ではなかろうか。即ち政治社会の腐敗は政治社会であるから別に咎《とが》むべきでないと云うの考ではあるまいか。果して然らば、世人は政治社会に対して軽蔑の思想を有するものと云わねばならぬ。此の如き現象は、特に古来の我が国民の社会観念から考えて、非常に痛嘆《つうたん》に堪えない一の理由がある。我が国に於ては昔でも政治を特別のものと考えて居た。併《しか》し其の特別のものと云うの意味は、当時商売を特別のものと考えて居た意味とは正反対に、特に之を尊敬すると云うのであった。所《ところ》が、今日では、それが転倒して来た。一方商売や商人社会が段々其の地位を向上して、一般の生活現象と考えられ、商売的行動が厳正なる道徳的批判を受くべきものとなったにも拘《かかわ》らず、他方、政治及び政治社会は段々其の地位を低下して、一般の生活現象外のものと考えられ、政治的行動が厳正なる道徳的批判を受くべきものでないとせられて居る。今日の社会観念に於ける政治は、恰《あたか》も昔時《せきじ》の社会観念に於ける商売に似たものとなり、特別に扱われつつありはしないか。

社会が政治を特別扱にすると云う私の観察が誤らないとせば、私は更に進んで、それが政治の腐敗を生ずる根本原因であることを高調《こうちょう》せねばならぬ。何故ならば、政治を特別扱にすべきものだとするから、政治家は、自ら、道徳的批判に対して、政治に於てはそう窮屈なる理論を適用出来ないと抗弁し、世人も亦《また》政治だから已《や》むを得ぬとして許す。即ち特別扱の名の下に、腐敗を看過するのである。

三　政治と他の生活現象

世人が政治を特別扱にして平然たるは、何故であろうか。それには種々の理由も考えられるけれども、其の最も重大であって而《しか》も一般に閑却《かんきゃく》せられて居るものは、世人が政治現象を孤立的に観察して居ると云うことである。換言すれば、政治現象を単に政治現象としてのみ考えて居ると云うことである。其の結果、政治家自身は、自己の行動に基《もと》く政治現象が、一般の生活現象に対し、如何なる関係を有するかには頓着なく行動する。又《また》世人は政治現象を単に政治現象とのみ考えて、他の生活現象との関係を考えず、従って傍観的態度に出でる。此に於てか、政治家は一般社会に対して、自己の行動に付ての責任を感ずることなく放縦《ほうしょう》に流れるし、又世人は政治現象に対して無頓着となるのである。此の如《かく》く政治現象を、孤立的に、単に政治現象としてのみ考えることは大なる誤であって、政治現象は他の生活現象と重大なる関係を有するものである。此の点に想い到ったならば、政治家も自然に放縦の態度を慎むであろう。縦《よ》し政治家が放縦であっても世人は政治現象に対して無頓着であり得なくなるであろう。故に、政治の腐敗を矯正せんとする者は、須《すべか》らく常に政治現象を孤立的に観ずして、其の一般の生活現象との関係に注意せねばならぬ。

凡《およ》そ社会生活は、之を種々の方面から見ることが出来るのであって、それで、或は政治現象と云い或は道徳現象と云い或は宗教現象と云うものが生ずるのであるが、併《しか》し之は唯《ただ》便宜上社会生活を異なる方面から観た名称たるに過ぎない。此等の諸現象が相《あい》合して社会と云う全体の生活現象を成すものである。それ故に、各生活現象の内容は決して孤立的に発達するものでなく、互に影響を及ぼしつつ発達するものである。従って社会生活の一方面に於ける正邪の観念や活動の様式は、必ず、他の方面に於ける正邪の観念や活動の様式に影響するのであるから、社会の生活現象の何《いず》れかの方面に於て、甚《はなは》だしき腐敗があるならば、或は著しい進歩的思想が行われるならば、それが為に、他の方面にも亦《また》、腐敗の傾向を生じ、或は進歩的思想を見ること、自然の数である。之を社会の生活現象の相関作用と云ってもよい。例えば世人は頻《しき》りに商業道徳なるものの腐敗を非難するけれども、普通の社会道徳の腐敗せるに、独り商業道徳のみ、清潔たり得る訳はないのである。又《また》法律の適用如何も直に社会風《ふう》教《きょう》に影響するものであって、法廷に於ける弁論の如きも、決して裁判のみに影響するものだと思ってはならぬ。否、寧《むし》ろ裁判には影響しないが、而《しかれど》も社会の風教に影響することがあるであろう。又近来経済の立憲的組織と云う言葉が行われて居る。立憲的と云う思想は、本来は勿論《もちろん》政治的方面に行われたのであるが、今や其の根本精神は社会の生活現象に共通のものとなって、経済組織に於ても立憲的組織など云うに至ったのである。斯《か》かる次第であるから、社会の各生活現象は孤立して居るものでなく、相関作用の下に発達するものであると云うことは、毫《ごう》も疑うの余地がない。

然《しか》るに社会の生活現象中、最も強く他の現象に影響を及ぼすものは政治現象である。それは、政治の当局者たる政治家の行動が、人類の活動中、最も華々しく人の眼を惹くからであろう。乃《すなわ》ち、政治家の感化力と云うことは、大に注意すべき問題である。

四　政治家の感化力

先哲も云うた通り、其の人《ひと》存すれば其の政《まつりごと》挙《あが》り、其の人亡《なく》んば其の政止《や》むのであって、政治の得失は政治家の人格如何に依て岐《わか》れる、然らば政治家に如何なる人格を重んずるか。後に述ぶるが如く、元来現代の政治は国民的理想を実現するものであるから、政治家は国民的理想を実現するの任務を有するものである。従って政治家たるの人格に於て最も必要なるものは即ち理想である。且《かつ》其の理想は国民的理想を自己の理想としたものであらねばならぬ。それ故に、何等《なんら》理想を有せぬ政治家は実は真の意味の政治家ではない。政治家は一種の理想家であらねばならぬ。希臘《ギリシヤ》の哲学者が、政治は哲人に依って行われねばならぬと云ったのは、解釈の仕方に依ては種々批評せられるであろうが、此の言葉に含まるる真理として疑うべからざるは、政治家が理想家であらねばならぬと云う点である。

然るに、政治家以外にも、理想家は多くある。此に於てか、政治家と普通に謂う理想家との区別をなさなければならぬが、私の考では、政治家は理想家にして而《しか》して実行家である。即ち単に理想を有するのみでなく、其の理想を実現せんとするの努力を為すものであらねばならぬ。政治家が理想家にして実行家たりと云う言葉に就て、特に注意したいのは、私が実行家と云うの意味である。世人は屢《しばしば》理想家と実行家とを対立せしめて用いるが、世人の普通謂う実行家なる言葉に就ては私はかねて疑を有《も》って居る。と云うのは、元来実行家と云う言葉は二種に解せられる。其の一は、理想を有して居るが、単に之を有するのみならず之を実現せんと力《つと》むる人である。他の一は、特定の理想に着眼するのではなく、唯《ただ》何事か或結果を実現せんと力むる人である。真正の実行家は第一の意味のものであって、第二の意味のもの、即ち何でもよいから仕事をすればよいと云うが如きは、真正の実行家ではない。然るに、今日世人が実行家と云うとき、又所謂《いわゆる》実行家自身其の抱負を示すとき、寧《むし》ろ右の第二の意味のものを以て甘んじ、否寧《いな》ろ之を以て誇るかの如く見ゆる。即ち、何事をか為すことを趣旨とし、何事を為すべきかを論外に置くを実行とするの傾向がある。之は誤られたる意味の実行であって、政治家が実行家であると云うを、此の如き意味の実行を為す人と思ってはならない。所《ところ》が、真に理想を有する者は必ず之を実現したいと希望するものであり、従って自然其の実現の努力を為すものであって、唯《ただ》其の努力の方法に於て、或は単純に思想上の普及を計るに止《とど》まるか、或は進んで現実の結果を惹起《ひきおこ》さんとするかの差があるのである。然《さ》れば、事実上に於ては、所謂《いわゆる》理想家と所謂実行家とは両々《りょうりょう》対立せしむることは出来ない。真の理想家は即ち自然に実行家であり真の実行家は即ち先《ま》ず以て理想家であらねばならぬ。それ故に、理想家或は実行家、どちらの名を以てしても構わぬが、苟《いやしく》も其の名に背《そむ》かぬ者は、理想に忠実であることを其の人格の中心とする。伝え聞く、昔、ソクラテスが、死すべく余儀なくせらるるまでも、自己の主義を曲げなかったと云うが如き態度は、到底《とうてい》学び難いにせよ、学ばんと心がけねばならぬ。

就中《なかんずく》政治家に就て注意すべきは其の理想的態度が、前述べた如く、政治家其のものとしての資格であるのみでなく、一般世人をして理想家的態度を学ばしむることに、与《あずか》って大なる力があると云う点である。蓋《けだ》し政治的行動は社会的行動中最も華々しく人の眼に着き易いが為め、其の感化力非常に強く或政治現象は単に他の政治現象に影響するのみならず、政治以外の一般の生活現象に影響するものである。然れば、政治の腐敗は国民の理想の現に低きことを示すばかりでなく、益《ますます》之を低下せしむるの結果を生ぜざるを得ない。乃《すなわ》ち、政治家は或意味に於て教育家である。政治家たる者は、自己の一挙一動が直に社会を教育するものだと、真面目に考えねばならぬ。此のことは、政治家と青年社会との関係に就て、特に重大である。元来青年と云うものの尊ぶべき意味は、青年が社会の将来を荷《にな》うべきものだと云うこともあるが、又《また》青年時代を将来と分離して、青年時代其のものとして、価値づけることが出来る。それは、青年は理想に依って行動するものだと云う点である。青年は純潔であって、理想に驀進《ばくしん》することを望む。が、又他方に於ては、先進者の言動に動かされ易い。其の結果、青年に対しては、政治家の態度が大なる指導力を有するのであって、政治家が理想家的態度を守るときは青年も其の本来の理想欲を益《ますます》高くするが、政治家が没理想家的態度に陥るときは、青年に対して恐るべき悪影響を及ぼすのである。即ち、或青年は依然として自己の理想欲を守るけれども其の理想欲の為に没理想の政治家の態度を悪《にく》み、延《ひい》て政治其のものを嫌うに至り、又或青年は没理想の政治家の時めくを視て、痛切に理想の権威なきを感じ、青年自ら没理想となるのである。若《も》し一時理想家的態度を有したる政治家が一朝没理想家的態度に陥ることあらば、青年は遂《つい》に指導者たるべき先進に対して不信用の念を懐《いだ》き、延て一般に権威なるものを否認し、絶望的となり、破壊的となる。然れば現今我が国の政治家諸氏が、諸氏の政治的行動を、単に所謂《いわゆる》政治運動としてのみ考えないで、一般の社会殊に青年社会に対する教育運動であると覚悟せられんこと、私の切望して已《や》まない所である。

第三　政治と理想

一　理想実現の共同的努力

吾々人間は即ち人間であって神様では無く又《また》獣類でも無い。と云う訳は外《ほか》ではなく、現実と理想と両界に跨《また》がって生活しつつあるからである。現実に生活して居るけれども、現実以上の理想を志望して居ると云う所に、人間らしさを見る。従って、人間は常に現実を理想に接近せしめようとして其の手段を考えつつあるのだが、元来吾々人間が理想に接近せんとする努力は、二種の方法で行われ得る。其の一は各個の人間が単独に努力することであって、其の二は社会の人間が共同して努力することである。社会的生活に関する理想の実現と云うことに就《つい》ては共同の努力の方が有力の手段である。彼《か》の最も絶対的の性質を有する人間の宗教心ですら右の傾向を帯びて居る。宗教心は神に対するの信仰であるから、何等《なんら》他人と共同の努力を要せざるべきであるが、事実は然《しか》らず、吾々が宗教心を満足せしむる所の手段に就ては、常に他人と共同の努力を用いて居る。此《ここ》に於てか、教会や寺など云う宗教的団体が出来るのである。況《ま》して、本来共同的のものたる社会生活の理想を実現するに当っては、単独にするよりも、共同してするの有力なるは明白である。共同してするとは、人間が共同団体を構成し其の団体に於て各自其《そ》の天分に応じて理想の実現に努力することを謂う。蓋《けだ》し共同団体には団体力あり個人の単独の力に比して、遥《はるか》に強いから、反理想的傾向を有する事物を、理想化せしめ易いのである。それ故に、共同団体なるものの説明は色々の方面からすることが出来るのであるが、今私の取扱って居る問題に関係ある説明としては、共同団体は人間が理想を共同的に実現するの手段であると云ってよい。

共同団体は家族、社会、国家等種々あるが、其の差異の最も重要なるものは、団体力の作用の強弱であって、国家に於て其の団体力が最も強く現われ、所謂《いわゆる》強制なることが行われるのである。故に、国家を今私の取扱って居る立場から説明せば、人間が理想を共同的に実現するの、最も有力なる手段であると云ってよい。従って、国家の活動と云う広い意味の政治は、人間が、理想を実現するが為に費す所の最高の努力と見るべきである。此のことは古来既に先哲が他の種々の言葉を以て説明して居る所である。人の知る如く、プラトーンやアリストテレスの採った根本見地に依れば、人類は国家的団体に於て始めて完全なる意味に於ける人間となるのである、何故ならば、国家に於てのみ、人類が其の性情を完全に発展せしめ得るからである、それ故に国家は人類の理想の実現であると云う。此の思想は、後の西洋の多数の学者の採る処であって、哲学者の説明に依れば、独逸《ドイツ》近世の哲学者の国家観も、根本には右の思想から出発したものだそうである。東洋に於ても、夙《つと》に、政《まつりごと》は正なりと云われて居るが、正は即ち正義の理想に外《ほか》ならない。

二　政治と生活の内容

政治が理想実現の手段であると云うことは、も少し具体的に説明するの必要がある。

元来理想とは何であるか。之に就ては形式的と内容的と二つの考方をせなければならぬ。形式的には理想とは「あるべき」と云うことであって、此の意味に於て人間が理想を持って居ると云うときは、古今同一である。が実質的には理想とは「斯《か》くあるべき」と云うことであって、此の意味に於て人間が理想を持って居ると云うときは其の「斯く」の如何なるものなるかは時代に依って、同一だとは限らぬ。即ち「あるべき」ものの内容に差異があり得るのである。例えば、味方に対する態度に就ては、之を愛することが、古今一般の理想と思わるるに反し、敵に対する態度に就ては、曾《かつ》ては、飽《あく》まで之を悪《にく》むのが理想であったが、後には、敵をも愛するというのが理想とせらるるに至ったのである。此《か》の如く「あるべき」ものの内容如何は時代に依って異るものであるが、然《しか》しながら、「あるべき」ものと、「あるべからざる」ものとの区別を為すことを、要求するの思想は、何《いず》れの時代に於ても存して居る。

然らば、理想なるものは何の用を為すものであるか。之に就ては色々の深遠な考方もあり得ることと思うが、吾々に最も痛切な感じを与える考方としては、理想が吾々の生活の方向を定むるものだと云うことを知らねばならぬ。吾々の生活の向上と低下とは、一に吾々が有する理想の如何に依て生ずる。而《しか》して、前述べた如く理想を具体的に実現するの手段が政治であるならば、吾々の生活の内容は全く政治に依て左右せられざるを得ない。世人は生活を安全にせよ、生活を与えよと叫ぶが、而《しかれど》も、政治に冷淡であるのは、何たる大なる矛盾であろうか。之は、世人が、政治の意味を誤解し、政治と云えば、所謂《いわゆる》政治運動のこととのみ思い、吾々の日常の生活の内容が政治に依て左右せられて居ることに考え及ばぬからである。吾々の生活には、差当り衣服が要り、食物が要り、住居が入る。吾々人間の総《すべ》てが、各自の身分に応じて、必要相当に衣食住を得ることが出来ねばならぬ。一方に、之を多く有《も》ち余して濫用する者があるにも拘《かかわ》らず他方に之を手にする能《あた》わざる者があると云うようなことがあってはならぬ。此の如き共同生活の円満なる状態、即ち私が生活の両立と名《なづ》くる所のものを生ずるが為に、総ての人間が、単独に各自の生活を調整することが最も望ましいのであるが、併《しか》しそれは殆《ほとん》ど不可能である。蓋《けだ》し人間の利他心は、単独に放任せば、利己心に打勝たれ易いからである。此に於て、人間が共同に努力して、各自の生活を他人の生活と両立する範囲に置くのである。之が、他日別に詳《つまびらか》に論じたいと思うが、国家の存在の意味である。然《さ》れば、我々の生活の理想を実現するには、実際政治と云う手段を借りなければ出来ない。如何に立派なる理想を有って居ても、政治を無視しては到底《とうてい》之を実現するの機会に接し得ないのである。

三　政治に依る理想の測量

右に述べた所に依れば、政治は人間の理想の測量器であると云える。

先《ま》ず、政治的制度を観るときは、其の時代の其の国民一般が共同生活に関して如何なる理想を有して居るかを知り得る。少くとも、其の理想が明晰に意識せられて居る程度如何を知り得る。然れば、一般国民は、常に、自分の政治的制度を観て、自分を省みるの材料とせねばならぬ。政治的制度を観察することを以て、政治家や法律家の任務なりと、放任すべきではない。例えば慈善や同胞救助など云う言葉が如何に広く流行して居ても、此の方面に於ける政治的制度が欠如して居るならば、其の慈善や同胞救助心なるものは、未だ国民一般の強烈なる理想的要求となって居るとは思えない。何故ならば此等《これら》の要求は、我々が個人的にも之を実現し得る性質のものであるけれども、他人と協同してするに於て、一層《いっそう》有効に之を実現し得るものである。のみならず、個人的に此等のことを実行するの資格を有する者は、少数者に限らるるが、共同的にするときは、個人的には之を為すの資格を有せざる者も、各自の分に応じて、之を為し得るものである。一通り生活して居る者は、通常貧民に同情するけれども、単独にては之を救助し得ない。仮令《たとい》救助の行為を為すとても、殆《ほと》んど其の効がないが、一度適当の組織を設けて、其の同情心を一体とするならば、各個の微力なるものが集って、有力となるのである。貧民に壱円を恵み得る者百万人をして各自に之を恵ましむるは、無益であっても、之を集めて百万円として利用するならば、有益であろう。其の方法は、政治に依って適当の組織を講ずるが最良の策である。それ故に、真に徹底して慈善や同胞救助を理想とするならば救貧行政や社会政策的制度が発達すべき筈《はず》である。此の一例に依て見るも、一国の政治的制度が、国民の理想の程度を知るの材料たることが分る。

次に政治的制度が、実際に於て、制度の精神に従って能《よ》く行われて居るかどうかは吾々が理想を実現せんとする努力の程度を示すものである。即ち、一体吾々は真に理想を実現しようと云う希望を有《も》って居るのであるか、どうか、其の希望を有って居るとすれば、其の希望実行の勇気の程度を示すものである。彼《か》の選挙法違反や吏員瀆職《とくしょく》事件の如きも決して其の行為の正邪其のことのみを論議して安んじてはならぬ。之に依て、吾々国民が、理想実現の勇気を欠くことを反省すべきである。

要するに、政治的制度それ自身の不良なるは、国民の理想の低いことを示し、又《また》政治的制度は如何に善良のものであっても、其の制度が行われないならば、国民が理想実現の勇気を欠くことを示す。而《しか》して、其の政治的制度の実行せられない状況が久しく続くときは遂《つい》には其の制度の採る所の理想其のものを失い、漸次理想の低下を来すのである。此のことは、昔の希臘《ギリシャ》、羅馬《ローマ》に於て、又或時代の支那に於て見た所であって、それが、国運を傾くるの原因となる。然れば、或政治的制度の精神通りに行われないことを以て、単に其の制度其のものの消長の問題なりとするは、非常なる短見であって、此の如き見解が、やがて国民を没理想的たらしむるものなることを、忘れてはならぬ。私は重ねて云う、政治は人間の理想の測量器である。政治の当事者自身から云うと自己の理想及び理想実現の努力を反省するの鏡である。

第四　国家主義

一　茲に謂う国家主義

以上述べ来《きた》った卑見の根柢に、国主を肯認するの前提の存することは、自《おのずか》ら明《あきらか》であろう。之を国家主義と云って置《おい》てもよろしい。尤《もっと》も、此の国家主義は、後に説くが如く世上に謂う国家主義なるものとは関係なしに、国家を肯認するの思想を名づくるものである。即ち、国家を否認するの思想――通常無政府主義と云うが、寧《むし》ろ、否国家主義と云うがよいと考えらるるもの――に対して云うのである。否国家主義は一の錯誤に基《もとづ》く思想であるから、国家主義を採る者は、否国家主義の錯誤を指摘するがよい。私の解する所に依ると、否国家主義も共同生活其のものを否認するのではない、共同生活の様式として、強制の行わるる団結を否認し、強制なき所に理想的共同生活を実現し得るものとするのである。其の根本見地は、人間の性情の善良なることに信任して、一切の外的強制を有害のものとし、人間の被る禍害の大部分を、国家が強制を行う結果だとし、従って、国家なき所に、人間の自由なる共同作用があるとするのである。尤も、否国家主義にも、学者の所謂《いわゆる》自然科学的否国家主義及び理想論的否国家主義の種別がある。自然科学的否国家主義は、国家が善か悪かと云うが如き評価を為すのではなく、共同生活の発達を歴史的に観察して、必然的に、国家なる様式が破壊せられて、他の様式が出来るとするのであるが、此の思想は二重に国家主義と牴触《ていしょく》するである。一方、国家を否認すると云うのみではなく、他方、国家を、理想と没交渉に考えるからである。故に、自然科学的否国家主義は、初めより之を論外として置くの外《ほか》はないが、理想的否国家主義は、国家を、理想と交渉して、考えて、而《しか》も理想を実現する所以《ゆえん》でないとするのであるから、考え方の方針を、国家主義と同じくして、其の帰結を之と異にするものと云わねばならぬ。同主義者中、或は、「人間の行為の目標は全体の幸福に在らねばならぬ。国家は甚《はなは》だしく此の幸福に牴触する設備である。何故かと云うに、国家の為に、人間の自決が破壊せられて、一切の進歩が停滞するからである」と云い、或は、「各個人に取っては自分の利益と云うことが最高の法則であるから、全体の幸福を目的とする国家は個人の敵である。故に、国家の代りに、利己主義者の組合なるものを作るべきである」と云い、或は「人間の行動の標準は正義であるが、人間の上に更に人間が支配するというのは正義に反するから、権力に依らずして、契約の拘束によって聯合する所の友誼的共同生活を為すべきである」と云うが如き、一は全体的功利思想を本とし、二は個人的功利思想を本とし、三は正義思想を本とするの差があって、其の説く所十人十色であるが、而《しかれど》も大体に於て、共同生活其のものを否認するのではなくて、共同生活を為す上に於て、強制の力の存することを有害とするのである。此等の所説を詳細評論することは、本論の範囲外であるから、之を措くが、唯《ただ》明にすべきは、強制の力の存在する下でなくては、円満なる共同生活の行われ得ないと云うことである。之は前項にも一言した通り、人間の生活の両立を来すには、人間の性情が根本的に変化せざる限《かぎり》は、何等かの強制を要するからである。此の点さえ明《あきらか》にせば、本来共同生活を否認するのではない所の彼《か》の否国家主義者も、国家主義者と変ずるであろう。

二　国家主義の様々

元来国家主義なる語は、世上一般に用いられて居るが、其の意義は私の見る所に依れば、一様でない。私の前に述べた国家主義なるものは、此等《これら》世上の様々の国家主義とは関係なしに、解釈せられねばならぬ。関係なしにとは、私の述べた国家主義が、世上様々の国家主義とは、全く別の観察点に於て、立てられたものだと云うことである。従って、両者は、其の何《いず》れが正か邪かと云うように、対照的に論ずべきものではない。

国家主義なることは、多数国家の対立の状況を前提とし其の状況に関係するものとして、唱えられることがある。之は、他の国家に対して、自己の国家の優越なる発展を計ると云う思想である。私の述べた国家主義の観察点は、右のような観察点とは異なり、人間が共同生活の理想を実現するが為には、国家を必要とすると云うのであるから、国家の対立と否とに関係ある思想ではない。故に、現に世界の人類が、別々の団結の下に共同生活をして居る今日に於ては、其の別々の共同生活の為に夫々《それぞれ》の国家を要すと云うのであり、又、後日何等かの事由に依って、世界の人類が、一体として一の共同生活を為すようになっても、国家と云う形式を採るの外《ほか》はないと云うのである。即ち、如何なる場合に於ても、無国家では共同生活を為し得ないと云うこと、之が私の述べた国家主義である。之に反して国家の対立の状況が善いか悪いかと云う論や、其の状況が永久現今のままで持続するであろうかどうかと云う事実上の観察論は、それ自身一の問題であるが、それは、私の右述べた国家主義とは関係なく、別の方面から判断すべきものである。

又、国家主義なることは、国家と個人とを対立せしめ、両者の関係に関係するものとして唱えられることがある。之は個人の自由を尊重する所謂《いわゆる》個人主義の思想に対して国家の権力を尊重するの思想である。元来、個人が苟《いやし》くも国家の下に共同生活を為す以上は、無制限の自由を有するものでないと共に、現代の国家は無制限に権力を行使するものでない。故に、現今の国家組織に於ては、絶対的の個人主義もあり得ず、絶対的の国家主義もあり得ず、従って両者は、両立する程度に緩和せられて居るのであるから、両者を相容れざる仇敵《きゅうてき》として取扱うのは、現代の国家生活に就《つい》ては、無意味である。即ち、現代は、国家主義的に国家の権力も尊重せられ、又、個人主義的に個人の自由も尊重せられて居るのである。併《しか》し、私の前に述べた国家主義なるものは、右の個人の自由の尊重対国家権力の尊重の問題と関係なきこと論ずるまでもない。私の述べた国家主義は、共同生活が国家なる様式を要すと云うことであって、其の国家の権力が如何なる方法に於て行使せらるべきかは、別の方面から判断するの外はないのである。

第五　立憲政治と道徳的自由

一　国家の向上

以上、国家が人間の理想を実現する手段であることを述べたが、此の言葉には、誤解を避くるが為《た》め更に註釈を加えねばならぬ。

此の言葉は、国家の存在の意味は、人間の理想の実現に在りと云うことである。之を個々の国家に就て云わば、個々の国家は、之を構成する人間の理想を実現することを任務とすべきであると云うのであって、個々の国家の其の時々の現状が、必然に、完全に理想を実現して居ると云うのではない。個々の国家の其の時々の現状が、完全に理想を実現して居ることは寧《むし》ろ実際にはないのである。そこで、個々の国家の其の時々の現状に就ては、理想の実現の程度に応じて、価値の差を附することが出来る。それ故に、個々の国家は、其の時々の現状を成るべく人間の理想に接近せしめ、其の任務たる理想実現の程度を上すことに努めなければならぬ。私は之を国家の向上と云う。乃《すなわ》ち、国家自身向上すべきものであって、国家が、其の時々の現状に於て、完全のものだと考えてはならぬ。之を道徳と云う言葉を以て説かんに、若《も》し個々の国家が其の時々の現状のままに、完全に道徳を具体化したものだと考うるならば——国家学者の或者は然《そ》うではないかとも疑わるるが——私は之を正当と思わない。国家に道徳的任務を与え其の任務を完全に実現する国家を考えて、国家は道徳の具体化なりと云うのは差支《さしつかえ》ない。個々の国家の其の時々の現状を、道徳の具体化なりとすることが出来るならば、国家の政治は、道徳的の批判を受くべき範囲外に置かれ、即ち国家の政治は常に道徳的のものであると考えねばならぬこととなるから、政治には便宜のようであるが、併《しか》し是《これ》は政治の性質上不必要であり、又《また》道徳の性質上不可能である。蓋《けだ》し国民は政治に対して服従するの外《ほか》はないが、併し之に服従せねばならぬ理由は、唯それが政治であると云う点に在る。政治が道徳的の価値を有するや否やは政治に対する服従の理由と、何の関係のないことである。それ故に、政治から云えば、政治を、常に道徳的のものだと考うる必要はない。のみならず、政治を常に道徳的のものと考えねばならぬと云うが如きは、本来道徳の性質に反する。何故かと云うに、道徳は、自ら「考うる」ものであって、他に依て「考えしめらるる」ものではなく、従って或ものを常に道徳的のものと考えねばならぬと云うが如きは自己矛盾に外ならないからである。以上は純理の論であるが、実際の用から云うも、国家が其の時々の現状に於て、完全に理想を実現するものだと考うるときは、国家の向上に対する努力減退し、国家の発達を阻害するの結果に陥るであろう。

二　国家と道徳的自由

個々の国家の其の時々の現状が理想を実現して居る程度に、差異ありとせば、自然に、次の問題を生ずる。即ち国家は、如何なる場合に、最も能《よ》く理想実現の任務を尽すか。然《しか》るに、国家に於て、人間が共同的に理想実現に努力することは、先《ま》ず、個々の人間が理想に従って行動することに始まらねばならぬ。個々の人間が理想に従って行動するには、人間が自己の道徳的の動機を自由に発動せしむることを要する。即ち道徳的自由を有することを要する。それ故に、国家が、如何なる場合に、最も能く理想実現の任務を尽すか、と云う前述の問題は、之を個人の方より観ると、如何なる国家の状況の下に於て、個人が、最も能く道徳的自由を有するかと云う問題に外《ほか》ならない。然るに国家と道徳的自由との関係に就ては、根本的に考うべき一事がある。と云うのは、元来、国家は個人に強制を為すものであるのに、道徳的自由は個人が自由に其の道徳的の動機を発動せしむることであるから、国家が道徳的自由其のものを創造すると云うことは、あり得ない。国家は唯、個人の道徳的自由を、成るべく十分に発展せしむるように力《つと》め得るのみである。斯《か》く論じ来ると、冒頭掲げたる、如何なる国家が最も能く理想実現の任務を尽すかという問題は、結局、如何なる国家が、個人の道徳的自由を発展せしむるに、最も適当なるかと云う問題に、帰着するのである。それは専制国か又は立憲国か。

三　立憲国に於ける道徳的自由の発展

国家が個人の道徳的自由を発展せしむるには、二の方法がある。一は、道徳的自由の発展に有利なる条件を作ることであり、他は、政治をして成るべく個人の道徳的動機に適合せしむべく努力するの機会を、個人に与うることである。而《しか》して之が立憲国に於て始めて望まれる、と云うことを知らねばならぬ。

第一、個人が道徳的自由の発展を為すには、外部的及び内面的の条件の具備を要する。外部的の条件とは、個人が其の道徳的自由を発展することを、外界の事情に依って妨《さまた》ぐることのないようにすることであって、即ち生命、身体、住居、財産等の安全の保障である。若《も》し、道徳的動機を自由に発動せしめて或行為をするとき、以上のものの安全を失うと云う如き事情があるならば、通常人は、其の道徳的自由を発展せしむることを抑えて、道徳的動機以外の動機を以て、行為を為すに至るであろう。然《さ》れば、生命、身体、住居、財産等の安全の保障あることは、個人の道徳的自由の発展を為さしむるが為に、必要なる条件である。然るに、此の安全の保障は、何人も知るが如く、専制国に於ては与えられて居ない。立憲国に於て始めて此の安全の保障があるのである。已《すで》に此の点から、道徳的自由の発展の為には、専制国を捨てて立憲国を取るべきこと、疑を容れない。次に内面的の条件とは、個人の品質を、道徳的自由を尚《たっと》ぶように、換言せば、自己の道徳的動機に適合して行動することを重んずるように、作ることであって、即ち自律的人格の養成を目的とする教育である。教育が自律的傾向又は他律的傾向の何《いず》れを有するかは、政治組織其のものの差異に依って、必然的に定まるべきものとは云えないけれども、併《しか》し、専制国に於ける教育が他律的となるは自然の勢であって、自律的教育の実を挙ぐるは、立憲国にのみ望むべきことである。それ故に、道徳的自由の発展に必要なる個人の品質を作り得ると云う点からも、専制国の非にして立憲国の是《ぜ》なるを知る。乃《すなわ》ち、道徳的自由の発展に必要なる条件は、内外両面共に、立憲国に於てのみ、存し得るものと云わざるを得ない。

第二、個人が、国家の政治をして自己の道徳的動機に適合せしむるように、努力するの手段を有するならば、或意味に於て、道徳的自由を有するものと云うてよい。個人は、政治に対して、政治であるが為めに、服従するのであるけれども、之を、其の道徳的自由との関係に於て、観察すると、場合に依て異ならざるを得ない。個人が政治に服従するときには、其の政治が自己の道徳観に適合する場合もあろう。此の場合には、勿論《もちろん》、其の道徳的自由は維持せられて居る。又《また》之に反して、其の政治が自己の道徳観に適合せざる場合もあろう。此の場合にも勿論、個人は政治に服従するの外《ほか》はないが、其の限度に於て、其の道徳的自由は制限せられて居る。それ故に、若《も》し、個人が、其の政治に就て、自己の道徳観を主張するの手段を、全然有せないならば、個人は、其の政治に服従する範囲に於ては、全然道徳的自由を喪失することとなるであろう。之に反して、其の政治に就て、自己の道徳観を主張するの手段を有するならば、個人は、其の政治に服従する範囲に於て道徳的自由を制限せられて居るけれども、而《しかれど》も、政治を自己の道徳観に適合せしむべく努力し得るのである。其の努力は、事前、事後両方面に於けるものを分つ。事前の努力は、国家の政治の意思の成立に際して、自己の道徳観を加えることである。之を為すの方法は、個人が国家の政治に参与するの外はない。而《しか》して個人が国家の政治に参与することは、立憲国に於てのみ許さるるのである。次に、事後の努力は、現に国家の政治が自己の道徳観に抵触《ていしょく》して行われて居る場合に、之を、自己の道徳観に適合するように、変更することを、計ることである。之を為すの方法も、亦《また》、個人が政治に参与するの外はないのであって、即ち、立憲国に於てのみ為し得るものである。

斯《か》く考え来れば、立憲政治の下に於ては、個人は、政治の参与に依って、政治を自己の道徳観に適合せしむべく、事前又《また》は事後に、努力するの手段を与えられて居るのである。政治に参与するは現今の制度に於ては、選挙を行うのであるから、選挙は、個人が、政治を自己の道徳観に適合せしむるの、間接の手段と云わねばならぬ。それ故に、個人が、選挙権を、一切の強制的拘束から離れて、純粋なる自己の道徳観に従って、行使するならば、一国の国民の資格を有するものとしては、道徳的自由を発展する最高の努力を尽したものと云ってよい。それにも拘《かかわ》らず、共同的に決定せられたる政治が、自己の道徳観に抵触するならば、国民としては、之に服従するの外《ほか》はない。此の場合には、個人は自己の道徳的動機に適合せざる行為を為すの結果を生ずるが、而《しかれど》も、それは、国民と云う資格を有する者として、極度の道徳的自由の発展を為したものである。之に反し、専制政治の下に於ては、個人は政治に参与し得ないから、政治を自己の道徳的動機に適合せしむべく努力するの手段を有《も》たない。

是《これ》に由《よつ》て之を観れば、国家にして個人の道徳的自由を発展せしむるに、最も適当なるものは、立憲国であり、政治の参与は、個人の道徳的動機を発動せしむる手段である。故に、選挙権の行使を重んぜざることは、即ち道徳的自由を重んぜざることである。自己の道徳的動機を発動せしむる努力を怠ることである。又、選挙権を有せざることは、政治を自己の道徳観に適合せしむるの手段を持たないことである。国家的生活に於ては、道徳的自由を失って居ることである。故に、苟《いやし》くも自己の道徳的動機を発動せしむることに熱心なる者は、已《すで》に選挙権を有するならば、真面目に之を行使すべく、未だ選挙権を有しないならば、之を得ることに、力《つと》むべきである。

第六　立憲政治と我が国民道徳

一　国民道徳の意義の仮説

立憲政治と一般の道徳との関係を考え来った私は、今や進んで、立憲政治と国民道徳との関係を考うべき場合に立到った。何となれば、特に国民道徳と云う語が、一般の道徳と云う語の外《ほか》に、用いられて居るからである。けれども、茲《ここ》に右両者の関係を、断定的に、明《あきらか》にすることは為し得ない。と云うのは、元来、国民道徳と云うの意義が不明であって、之を明にするの任務を有する倫理や哲学の学者間に於ても、尚《な》お議論中に属するから、之を他の方面から論究するには、其の意義の略定《ほぼ》まった、通説と認むべきものの出来た時を待つが適当であるのである。唯、国民道徳の一般の意義が、目下議論中の何《いず》れに定まるにせよ、之が徳目に属すと考えられる所のものは別であって之を他の方面から考察しても差支《さしつかえ》ない。我が国に於ける忠君愛国の観念は即ちそれである。而《しか》して私の本来の趣旨も、忠君愛国の真義を明にするに在る。それで此の意味に於て、私は、立憲政治と我が国民道徳と題したのである。

それであるから、本論の立場としては、強《しい》て国民道徳の意義を定むるの必要はない。けれども、斯道《しどう》の学者間に議論のあることであるから、世人各自が、右の議論を玩味《がんみ》し、更に自己の見地を作って置くことが、望ましいのである（殊に『丁酉倫理会倫理講演集』大正六年八月号、大正七年六月号参照）。思うに、国民道徳の論の起ったのは実際上の問題としてであって、学説上の問題としてではなかったらしいが、今日に於ては、国民道徳の語は、学術上の概念として考えられ、其の概念が如何なる内容を有するか、又は、それに如何なる内容を与うれば学術上の概念として成立し得るかと云うことが問題となって居ると思う。私共の常識論よりすれば、次の如く解したい。

抑《そもそ》も、個人が、特に国家生活に関して、従う道徳に就ては、其の道徳の要求せらるる理由から之を見ることも出来、又、其の道徳の要求せらるる程度から、之を見ることも出来る。私の考では、右の二つの観方を判別することが、先《ま》ず以て、必要である。

特に国家生活に関して、或道徳の要求せらるる理由は、全く国家の性質に求むるの外《ほか》はない。即ちそれは、個人が一の国家に所属する国民たるの地位を有するからである。そこで、個人が、一の国家に所属する国民たるの地位に於て、行うべき道徳と云う観念を生ずるのであって、之を一般に国民道徳と名《なづ》くるが、自然的な用語法と思われる。其の中に、或は、一般の国家の性質から生ずるものがある。従って、それは、個人が何《いず》れの国家に所属して居ても行うべき道徳である。例えば国家の命令に服従すると云うが如きである。之を共通的国民道徳と称してもよい。又、或は、特殊の国家の性質から生ずるものがある。例えば、君主国や共和国には夫々《それぞれ》の国民道徳がある。忠君の観念は、共和国に於ては国民道徳とは云えない。又《また》例えば、専制国と立憲国とに依て国民道徳も異なり、専制国に於ては、無制限に国家の命令に服従するを国民道徳とするが、立憲国に於ては、国家の適法なる命令に従うのであって、其の違法なるものに対しては、異議を申出ずるのが国民道徳である。然《さ》ればこそ、今日、国家が税法に違反した租税を課した場合に、之を課せられた者が、国家の行為を不当とするの訴訟を起しても、之が為に、少しも国民道徳に反したとは思わないのである。之を特殊的国民道徳と云うてもよい。以上のような意味に於ては、国民道徳に属する徳目は、必ずしも、特定の某国のみにあると云うことは出来ない。例えば、愛国と云うことは、一切の国家に於ける国民道徳であり、又、忠君と云うことは、一切の君主国に於ける国民道徳であらねばならぬ。

然《しか》しながら、国家に於て、国民道徳が要求せらるる程度如何——実際には、如何なる徳目が特に重く要求せらるるか、と云う方が適切かも知れない――は各国必ずしも一様ではない。之は、国家を構成する人間の社会観念から生ずるのであって、国家の性質から生ずるのではない。それで、一の国家に於て、特に重く、要求せらるる国民道徳の徳目を指して、其の国家の国民道徳と云うてもよい。然るに、それが、其の国家に於て、特に重く要求せられるのは、勿論《もちろん》其の国家の歴史的発達の結果であるから、其の方面から観て、之を一に「其の国家に固有なる国民道徳」と云うてもよい。

以上は、国民道徳の意義に関する、私の仮説であるが、此の仮説の下に、私は「我が国民道徳」と云う語を用いて居る。即ち、それは、「我が国に於て特に重く要求せらるる」又は「我国に固有なる」国民道徳の徳目を指すのである。此の「我が国民道徳」の中心が、忠君愛国の観念であること、云うまでもない。

所《ところ》が、国民道徳の或徳目の観念は同様であっても、其の観念の具体化する行為に変化あり得ることは、前に述べたる、国民道徳の意義の説明中、専制国への服従と、立憲国への服従との間の差異を見ても、自《おのずか》ら明白である。此の変化は、政治の変化に伴うものに外《ほか》ならぬ。忠君愛国の観念も亦然《またそ》うであって、其の具体化する行為に就て専制主義の昔時《せきじ》と、立憲主義の今日との間に、変化を見るに至った。而《しか》も、此の変化の結果、従前よりも一層《いっそう》有効に、忠君愛国の実を挙げ得るに至ったのである。然るに、世上動《やや》もすれば、ひたすら右の変化に驚いてしまって、其の変化の為《た》め、自己の忠君愛国の観念を、従前よりも一層有効に、具体化し得るに至ったことを覚《さと》らないものがある。此に於てか、立憲政治と忠君愛国の観念との関係を明《あきらか》にせねばならない。

二　忠　君（其の一）

忠君の観念は、君主に就《つい》て、或状態の存在することを願望するものである。願望せらるる状態が如何なる状態なるかを遺漏なく考うることは困難であるが、其の状態を構成する要素として少くとも次の三者を示すことを得る。君位の安泰、君徳の完全及び君威の円満――語は熟して居ないが、義を取って貰いたい――即ち是《これ》である。故に、此の三のものを願望することが忠君の観念に含まれて居る。然らば、如何なる政治組織の下に於て、最も能《よ》く右の三要素の存立を期待し得るか。

第一君位の安泰、之が実に君民関係の根本の基礎である。如何なる政治思想が君位の安泰を来《きた》すかと云うに、それは、政治的に君民を一体とするの思想であって、君民を対立せしむるの思想ではない。換言せば、君主と国民とが一体となって、単一の共同生活体を為して居ると云う、思想の下に於て、最も能く君位の安泰を見るのであって、之に反し君主は君主、国民は国民と、別々に各自の生活を為して居ると云う思想の下では君位の安泰を期し難いのである。学術的用語を以てせば、君民一体は国家を一元的に考えるのであり、君民対立は国家を二元的に考えるのである。二元的の考方では、自然に君主は超国家的のものとなる。西洋の歴史に徴するに、君民の争いの激しかったのは、国家を二元的に考えた時代である。之は然《しか》るべきことである。と云うのは、君主を超国家的のものとすると、君主は国民を圧《おさ》えるようになり、君主に圧えるの思想があれば、国民に圧えられじと云う反抗的の思想の起るのも、自然の傾向と云わざるを得ない。故に、君位の安泰を期するが為には、国家を一元的に考える君民一体の政治思想を確立せしめねばならぬ。

君民一体の思想は、政治の実際に於ては、如何なる方法を以て現わるるであろうか。先《ま》ずそれは政治の目的を立つる上に現われねばならぬ。即ち、君主は、自己の個人的利益の為めに政治をすることなく、国民の利益の為にすべきである。君主が自己の個人的の利益の為に政治をすることは、君民一体の思想と相容れない。併《しか》し、君主が国民の利益の為に政治を行うべきは、何《いず》れの国家たるを問わず、専制国に於ても又《また》立憲国に於ても、同様たるのみならず、それは、君主の道徳であるから、茲《ここ》に、立憲政治と国民道徳との関係として論ずべき限《かぎり》でない。

次に、それは、政治の手段を定むる上にも現われることが出来る。即ち、君主が、単独に又は自己と特別の関係ある一部の階級者のみの助を以て、政治をするのではなくて、広く一般の国民の助を以て、政治をすることとなる。国民の方から云えば、一般国民が、君主を助くるのである。国民が君主を助くるは、国民が政治に参与するの外《ほか》はなく、即ち、立憲政治の下でなくては、之を為し得ない。然れば、立憲政治は、君位の安泰に必要なる君民一体の思想を、国民の側からも、実現するものである。

然《しか》るに、我が社会に散見する言論中には、国民の政治に参与することを、心中好まず、其の為に、国家を二元的に説いて居るのかと疑わるるものが往々ある。此の種の言論中一部の者の立場に便にするが為に唱えらるるものあらば、それは沙汰の限《かぎり》とし、論外に措くの外《ほか》はない。が、真面目にそう考える者に向ては反省を促さねばならぬ。そんな考が、君民一体の思想に反することは前述の如くなるのみならず、之に依て、君民の間に中間の特別階級を生じて君民を阻隔《そかく》するの恐《おそれ》がある。而《しか》して、此の種の考を有する者は、我が国体の美と云うことを説いて、其の考を正しいと論ずるようであるが、焉《いずくん》ぞ知らんそれが却《かえっ》て我が国体の美を傷《きず》けるのである。蓋《けだ》し我が国体の美は、君民一体と云うこと、従って国家が二元的でないこと、君民の間を阻隔する中間階級のないことに在る。我が君民一体の本義は六《む》つかしく説明するまでもなく、不用意の間に用いらるる通俗の言葉の中にすら現われて居る。君主は国民に向って「わが民」と呼び賜《たま》い、国民は君主に向って「わが君」と申し奉る。此の「わが」の根底には彼我を一体とする親しみの感じがあるのである。決して彼我を対立せしむる隔たりの感じはない。それ故に、国家を二元的に説いて君民一体の感じを傷くることは我が国体の美を失わしむるものである。又、君民の間に中間階級を置かずして、国民が直接に君主に隷属するの思想も、古くからあるのであって、彼《か》の大化の新政の大詔《たいしょう》にも、其の以前に、国民の君主に直隷せず、中間の階級に隷属せしむるものあるを廃して、悉《ことごと》く、君主に直隷せしむるの趣旨を示されて居る。此の思想の実現は、時に消長を免れなかったが、根本に於ては維持せられて居り、維新以来特にそうであることは、何人も知る通りである。既に国民が君主に直隷する以上は、君民の中間に、国民に対して、君主を守護すると云う如き任務を有《も》つ特別階級のあるべき筈《はず》がない。世上皇室の藩屏《はんぺい》と云う語を聞くが、之が君民を対立せしめて、国民に対し君主を守護する特別階級の義であるならば、今日、斯《か》かる皇室の藩屏なるものあるべき筈はないが、併《しか》し、動《やや》もすると、右の如く誤解せしめ易い語である。成るべく之を用いぬがよい。強《し》いて之を用いるならば、国民全体が皇室の藩屏だと考えなければならぬ。それ故に、国家を二元的に説いて、君民の間に、中間階級の存在の余地を置くことも亦《また》、我が国体の美を失わしむるものである。

三　忠　君（其の二）

第二君徳の完全、之は君主が君主の道徳を全うすること、即ち君主道を尽すことである。君徳の完全を願望することが、忠君の観念に必要なること、論がない。如何にせば、其の願望を実現し得るかそれは、其の願望を有する者が、君主を助けるより外《ほか》はない。君主を助けるとは、唯《ただ》君主の意のままに従うことを謂うのではない。君主道に就て、忌憚なく君主に意見を上り、時に臨んで、君主を諫《いさ》めねばならぬ。即ち所謂争臣《そうしん》とならねばならぬ。古来、天子が争臣を有すると否とに依って、天子の幸不幸分るとするのは、東洋固有の教であって、吏僚《りりょう》は争臣たる任務を尽すべきものだと考えられて居た。而《しか》して、立憲政治は、実に此の争臣の意味を、最も有効に、具体化したものである。何故ならば立憲政治の下に在ては、一方、必ず争臣があると共に、他方、一般国民が均《ひと》しく争臣となり得るからである。

先《ま》ず、立憲政治の下に於て、必ず争臣のあるは、大臣制度の結果である。大臣の制度に就ては、既に述べたことがあるけれども、争臣の意味に関連して、茲《ここ》に一言したいのは、大臣が、争臣の任務を尽さしむるが為に、特別に設けられた機関だと云うことである。大臣は、君主に意見を上り、君主が君主道に反せんとするならば、之を諫めねばならぬ。それが君主の意思であるから仕方がないと、看過してはならない。之が、憲法に規定したる、大臣輔弼《ほひつ》の意味である。故に、大臣が君主を諫めないときは、大臣の道徳に反するのみならず、憲法上の職責に反したものとなる。然《さ》れば、立憲国の大臣は争臣として設けられたる機関であって、立憲国の君主は必ず争臣を有するものと、云わねばならぬ。

次に、一般国民が均しく争臣となり得ると云うことも亦《また》、立憲政治の産物であるが、左に、其の主なる理由を示そう。

一には、国民が政治に参与し得ることである。立憲国の国民が、直接間接に、政治に参与するのは自己の忌憚なき意見を以て、君主を助ける所以《ゆえん》であること、詳《つまびらか》に論ずるまでもない。

二には、国民が、議会を通じて大臣の行動を論議し得ることである。日常直接に君主を助ける所のものは、大臣であるが、大臣が君主を助けるの道を誤らば、如何にすべきか。立憲国には議会がある。議会は忌憚なく大臣の行動を論議する。場合に依ては、大臣の責任をも問う。古来、君側《くんそく》を清めると云うことがあるが、忌憚なく大臣の行動を論議し、場合に依て、大臣の責任を問うのは、即ち君側を清めるの精神に外《ほか》ならない。西郷南洲《なんしゅう》〔隆盛〕が旗を挙げたのも、君側を清めるの精神であったと伝えられて居る。南洲が名分上逆賊であったにも拘《かかわ》らず、世人が事実上之を逆賊と思わないのみならず、寧《むし》ろ、其の偉徳《いとく》を称えて已《や》まないのは何故であるか。全く、世人が、南洲の精神の、君主に弓引くに在るのではなく、唯《ただ》君側を清むるに在ったことを、信じて疑わないからであろう。尤《もっと》も、昔は、国民が有効に、君側を清めんと欲せば、旗を挙げるなり、暗殺をするなり、其の他非常の手段を採らざるを得なかった。それは、国家の制度上、平穏に之を為すの有効なる手段がなかったからである。それ故に、制度上、君側を清むるの有効なる手段のあることは、国民をして、君徳完全を願望するが為に、真に已《や》むなきの衷 情《ちゅうじょう》を、平穏に発露せしむる所以である。議会は即ち其の手段に外ならぬ。

斯《か》くの如く、立憲国に於て、一般国民が、君主を助けることが出来、争臣たり得ることは、昔と大なる差である。昔は、制度上では大臣其の他の吏僚のみに争臣たることを要求し、一般国民には之を期待しなかったのである。従って一般国民は衷心《ちゅうしん》、君徳の完全の為に、君主を助け、又《また》之を諫《いさ》めたく思うても、平穏に之を実行するの手段を有《も》たなかったのである。換言せば、昔は、忠君の観念を実現し得る人の範囲が制限せられて居たのに反し、今は、其の範囲が拡大せられたのである。

四　忠　君（其の三）

第三君威の円満、是は君主の御稜威《みいつ》が保全せらるることを謂う。忠君の観念が、君威の円満の願望を含むことも、亦《また》疑いない。君主の御稜威の保全せらるるは、国民が精神的に御稜威を感ずるに由《よ》るのである。而《しか》して、国民に之を感ぜしむるは、思想の方面よりするの外《ほか》はない。外部的威儀《いぎ》を厳にすること、例えば場合場合相当に、行列を盛《さかん》にし、番兵を立たせるが如きことは、勿論《もちろん》必要には相違ないが、併《しか》し、之を以て、文明国民をして君主の御稜威を感ぜしむる、根本的の手段と考えてはならぬ。国民が君主の御稜威を感ずるの大なるは、一面、国民が君主に対して感謝の念を懐《いだ》き、他面、国民が決して君主を怨《うら》まない、と云う場合である。

感謝と威力との関係など、改めて云うまでもなく、自分が感謝の念を捧げて居る人は、自分に対して威力を有する人である。それで、君主が、一に国民の利益を計ることに力《つと》むるならば、国民が感謝の念を懐き、君主の御稜威を感ずるのであるが、併し、斯《かか》る現象を見るは特に立憲国に限るのではない。専制国に於ても、君主は一に国民の利益を計るべき任務を有するのである。乃《すなわ》ち、何《いず》れの種類の国家たるを論ぜず、君主が、国民の利益を計るの実を示すならば、真に君威の円満を期することが出来るのである。

国民が決して君主を怨《うら》まないと云うことの、君主の御稜威の保全に必要なるも、亦、弁を待たない。決して君主を怨まぬとは、即ち、如何なる場合に於ても、君主に責任を帰しないと云うことである。此のことを政治上に現わしたのが、立憲国に於ける君主無責任の原則に外《ほか》ならぬ。併《しか》しながら、他方から考えると、凡《およ》そ政治上の或結果に就て、責任の帰着を明《あきら》かにしたいと思うのは、国民自然の要求である。而《しかれど》も、君主に責任はないのであるから、君主を助けて、其の結果を生ぜしめたる大臣に、責任の帰着を求むるの外はない。此に於てか、大臣責任の原則を立つるのである。然《さ》れば、大臣責任の制度は、決して君主を怨まぬと云う思想と、政治に就て責任の帰着を明かにしたいと云う要求と、両者の調節を為すものと見てよい。それ故に、決して君主を怨まぬと云う思想を確保するが為には、厳正に大臣の責任を糺《ただ》さねばならぬ。若《も》し或政治上の失敗あるとき、大臣の責任が糺されないならば、国民は、何《いず》れの処に責任の帰着を求むべきか、分らないのに不満であろう。単にそれだけの不満に止《とど》まらば、尚《な》お忍ぶべしとする。が、若し、其の政治的行動が君主の意思であるから、其の責任を論議してはならぬと、明言せられ、又は暗にほのめかされたならば、其の結果どうであろうか。国民が、此の場合にも、君主を怨むに至るようなことはないと、誰が保証し得るであろうか。私は、斯《かか》る場合を楽観するを得ない。而《しか》して、政治上の論難に就て、君主の意思を云々するの非なることを、世人が痛切に覚《さと》って貰いたい。それは、法律問題でもなく、政治問題でもなく、実に国民道徳の問題である。国民が、少しにても君主を怨《うら》む如き意思を起さないように、其の機会を絶対に防止するの用意である。然《しか》るに我が政界は此の用意を欠いて居る。曾《かつ》て、憲政会内閣の時、反対党の政友会が、首相の一行動を詰難《きつなん》するや、首相は、其の行動の聖旨《せいし》に従ったものなることを述べて、弁解とした。所《ところ》が、首相の弁解に対して、反対党の中から、其の聖旨なるを疑うらしい非難が起った。此に於てか、それが果して聖旨なるや否やと、世人は惑うた。今、私は、此の惑を解きたいのではなく、唯斯《かか》る政治上の論難に際して、聖旨が口にせられたことを悲しむのである。而《しか》して、それは、憲法論としてよりも、国民道徳論としてである。憲法論よりせば、首相の行動が、聖旨に従ったものであるにせよ、首相其の他の大臣の輔弼に依て行われたと解するの外《ほか》なく、従って、世人は、之を大臣の責任として忌憚なく論議し得るのである。が、唯、実際上に於て、右の理論上の態度に出ずることが出来るかどうか。聖旨に依るものと弁解せられたものに対しては世人は之を論議することを遠慮すべく、余儀なくせられはしないか。然《そ》うならば、国民が決して君主を怨まぬと云う国民道徳に悪影響を及ぼすものである。乃《すなわ》ち、右の場合に、聖旨を問題とすること其のことが、避くべきであって、此の点から見て、首相が聖旨を楯とせる弁解の非なることは勿論《もちろん》、反対党が聖旨を楯とせる攻撃も亦《また》非である。然れば、君威《くんい》の円満を願望する者は、大臣責任の制度が、他の方の事情の為に実現を妨げられないことに、努力せねばならない。

以上の考察に依れば、君位の安泰に、君徳の完全に、君威の円満なる状態は、立憲政治の下にこそ最も確実に実現せられ得るのである。今日に於て、立憲政治の発達を許らずして、忠君《ちゅうくん》を説くは、中空の忠君論に過ぎない。

五　愛国

愛国の観念は、国家に犠牲を捧ぐることを根柢とする。而して国民の犠牲心は、国民が其の犠牲に理解を有するとき、換言せば、国民納得して犠牲を負担するときに、最も強く発揮せられるのである。然らば、国民が納得して犠牲を負担するのは、如何なる場合であるか。卑見に依れば、それは、次の如き状況の下に於て、特に期待し得るのである。

第一は、国民が一般に政治に参与し得ることである。国民が、一般に政治に参与し得ないときは、勢い、政治に無関心となり、国家に捧ぐべき犠牲を、単に強制せられたるものとのみ考え、之を負担するも、納得せざるの恐れがある。然《さ》れば、立憲国に於ては、専制国に於けるよりも、納得ある犠牲の負担を見易いのである。

第二は、犠牲の負担が、一部少数者に依て、擅横《せんおう》に、決定せられないことである。之が、納得ある犠牲の負担を来《きた》すに適することは、弁ずるまでもない。

犠牲の負担が少数者の擅横に依て決定せられないと云う感じは、其の決定に、犠牲負担者自身の意志の参加した場合に於て、最も著《いちじ》るしい。従って、此の場合には、納得ある犠牲の負担を見易いのである。それは、立憲国の特色である。立憲国に於ては、国民の自由を制限するには、法律を以てせねばならぬ。法律は、議会の協賛を経て制定せらるるのであるから、法律を以て、国民の自由を制限するは、国民中選挙権を有する者の意志の参加に依って、犠牲の負担を決定したものに外《ほか》ならぬ。即ち、国民が議会を通じて法律の制定に参与するのは、国民が犠牲の負担を免れんとするのではない。唯《ただ》納得して犠牲を負担せんとするのである。然《しか》るに議会を通じて法律の制定に参与するを得ない国民、即ち選挙権なき国民は、右に述べた意味に於ては、納得ある犠牲の負担を為し得ない。併《しか》し其の負担が、一部少数者階級の他人に依て決定せらるる専制国よりも、比較的多数の他人に依て決定せらるる立憲国に於て、多く納得あることは、疑ない。

第三は、犠牲が公平に課せられることである。苟《いやし》くも国民たるものは、国家に犠牲を捧ぐるの覚悟を有するであろうが、併し、同時に、犠牲が公平なるべしと云う要求を懐《いだ》くこと、疑ない。犠牲が公平ならざるときは、之を不快とし、其の結果、遂《つい》には、犠牲其ものに対して、反感を来《きた》すのである。然るに、犠牲の公平なることは、云うに易く行うに難い。如何にせば之を期し得るかは、実質的には、到底《とうてい》各個の場合に就て工夫するの外はないが、唯、形式的に云い得る一事がある。それは、同一の事情を、同一に取扱うが為に、抽象的の標準を設くべきことである。之を形式的の公平と云うて置く。而《しか》して、今日の法治国に於ては、少くとも、右の形式的の公平を期することが出来る。蓋《けだ》し、法は抽象的に、一定の事情に対する一定の取扱を示し、即ち事情を観て人を観ないものであるから、苟くも同一の事情の下に於ては、如何なる人も同一の取扱いを受くるのである。故に、法に依て犠牲を課するは、形式的には、公平である。而して、此の意味の公平即ち形式的の公平が公平の全体でないにせよ、苟くも公平たるには、少くとも、先《ま》ず以て、形式的の公平あることを要するのである。

斯《かく》の如く、立憲法治の主義は、国民をして、納得ある犠牲の負担を為さしめるものであるから、衷心《ちゅうしん》の愛国の観念は、右の主義の実現に依て、益《ますます》発揮せられるのである。

第七　政治の教育的意味

一　社会発達の為にする努力の中心

政治の道徳的意味は、自《おのずか》ら政治の教育的意味を喚起す。

社会の諸種の生活現象が、相関作用の下に発達することは、前に述べたが、此の相関作用の行わるるのは、総《すべ》ての現象に共通する或ものがあるからである。何等の共通するものがないならば、相互に影響すべき理由がない。それは、人間の生活が、全体として、一の理想的傾向に従うと云うことである。人間の生活は分裂して居るものでなく、統一して居るものであるから、生活の一の方面に於て、甲の理想が支配するに拘《かかわ》らず、其の他の方面に於て、非甲の理想が支配すると云うことは、考えられない。尤《もっと》も、事実上、そう云う状況を見ることもないではないが、併《しか》し、それは、生活の大体に於て何等か新なる理想が支配しかけたとき、生活の一部の方面に、従来の因襲が残って居る場合であって過渡的現象たるに過ぎないから、時と共に、同一の理想的傾向に合するのである。それ故に、総《すべ》ての生活現象を、相関作用の下に、発達せしむる中心勢力は、人間の理想に外《ほか》ならない。然れば、社会の円満なる発達を見るには、人間理想の純一なることを必要とする。而《しか》して、人間理想を純一ならしむるが為めに、特別に努力することは、実に教育の任務に属する。それ故に、教育は、社会の総ての生活現象に共通して、其の発達の根柢たるべきものを作るの努力である。之を、社会発達の為めにする努力の中心と云うてよい。尤《もっと》も、教育の目的其のものを、遺漏なく説明することは、茲《ここ》に取扱って居る問題に就ては、必要がない。私は唯《ただ》、少くとも教育の目的に属するものとして、共同生活に関する理想を有し、且つ理想実現の努力を為す人間を養成することを、挙げるのである。一言にして云えば、共同生活を為すに適当なる性格の養成が、少くとも教育の目的に属する。以下教育の目的の語は、右の限定的意義を以て解して貰いたい。

二　政治の教育化

共同生活を為すに適当なる性格の養成は、如何にして之を達すべきか。之が為めには、共同生活を為すに必要なる知識を授《さず》くることを、固《もと》より怠ってはならぬ。併《しか》し、性格を養成するは、知識を注入するのみでは出来ない。訓練を要するのである。性格の訓練には舞台が要る。而して、共同生活を為すに適当なる性格を訓練するの舞台は、共同生活それ自身でなくてはならぬ。即ち社会それ自身であらねばならぬ。故に教育の目的を有効に達するが為めには、共同生活それ自身、社会それ自身を離れてはならないのである。

然《しか》るに、政治は、前述の如く、生活現象中、最も有力なる理想実現の手段であり、且《かつ》他の生活現象に対して、最も大なる影響を及ぼすものであるとせば、社会中、上述の訓練を最も有効ならしむる舞台は政治社会である。故に、教育は政治社会を舞台として、訓練を為すことを怠ってはならぬ。但《ただし》、教育が政治社会を舞台として、訓練を為すとは、決して、教育を為す者が自ら政治界に活動することを云うのでもなく、又《また》教育せらるる者を政治界に活動せしむることを云うのでもない。政治を訓練の為めに活用することを云うのである。之を具体的に云えば、大体二の方法がある。其の一は、政治を、制度として又実際の現象として、教育の材料とし、批評し、反省するのである。政治は教材に外《ほか》ならぬ。其の二は、国民各自の有する政治的任務を尽すの風習を助成することである。斯《かく》の如くして、共同生活を為すに適当なる性格が、自然に養成せられ得ると思う。即ち教育の目的を達するのである。

抑《そもそも》政治と教育との関係は二様に考えられる。一は、教育の方より、政治に及ぼす影響であって、之を実際上に利用せば、教育に依頼して政治の改良を計ることとなる。他の一は、政治の方より、教育に及ぼす影響であって、之を実際に利用せば、政治を利用して教育の効果を挙げることとなる。前者は教育に依る政治の実現であり、後者は政治に依る教育の実現である。近来世人が喧《かまびす》しく云う所の、政治教育なるものの目的は、前者の見地に属するらしく、専ら政治組織の説明を為して居る。之も固《もと》より必要だが、同時に注意すべきは、政治よりする教育への影響である。政治が、制度上から又《また》実際現象上から、教育に及ぼす影響を究明し、之を利用して、教育の目的たる性格の養成を為すのである。此に於てか、政治の教育的意味なるものが生ずる。政治の教育的意味を察し、政治を利用して教育の効果を挙ぐること、之を、私は、世人の所謂《いわゆる》政治教育——政治組織や法律制度其のものを通俗に説明して居る所の——と分つ為めに、政治の教育化と名《なづ》けて置く。

三　政治と教育家

政治と教育との関係の密接なること、上述の如しとせば、政治と教育家との関係も、亦《また》密接でなくてはならぬ。然《しか》るに我が国に於ては、事実は之に反し、両者は頗《すこぶ》る隔離して居る。之には、種々の原因もあろうが、其の有力なる一として、過去に於て、久しく、政府が、教育家をして、成るべく政治に着目せざらしむるの方針を、守って居たと云うことを数えざるを得ない。何故此《かく》の如き方針を採ったか。其の理由を明示した材料があるのではないが大体の事情から次の如く察せらる。それは、恐らく、主として、教育家をして、所謂《いわゆる》服従の美徳を保たしむるが為と云うのであったろう。立憲政治に着目する者が、盲目的服従を厭《いと》い、独立の批評の態度を喜ぶようになることは、争われないが、併《しか》し恰《あたか》も此の如き態度を取り得る人格が、今日の国民に必要なること、前に述べた通りである。宜《むべ》なるかな、近来、政治の腐敗の声の高まるや、之を救済するには、教育の力に依るの外《ほか》なしとするの説起り、それが政治教育論として、世人の承認する所となったのである。此に於てか、政府も亦大《おお》いに政治教育を鼓吹《こすい》するに至ったことは、喜ぶべきであるが、唯《ただ》其の政治教育として行う所のものを見るに、主として、国家の組織、作用に関する法制の智識を与えんとするに止《とど》まって居る。教育家をして政治に注目せしめようとするが如きことは、尚《な》お前途遼遠《りょうえん》の感があるのである。是《こ》れ、畢竟、私の所謂《いわゆる》政治の教育的意味を察せず、従って、政治の教育化の必要を考えざるの致す所と思う。元来、今日、世上、風教上《ふうきょう》の問題起る毎《ごと》に、一に教育家のみを責むるの傾向がある。是は、一方、教育――狭義の――の効果を余りに過大視し、教育以外の活動殊に政治の教育的意味を思わざるものであると共に、他方、教育家に対して酷に失するものである。教育家は大声して、理想を唱え、忠君を説き、愛国を叫んで居る。而《しかれど》も、政治家が変節を敢てし、普通社会が脱税を図り、投票を売買し、それが却《かえっ》て世に生活するに便だとするならば、世人は、自《おのずか》ら、教育家の声を聞き捨てて、政治家や普通社会の行に従いゆくこととなるであろう。我が国風教の現状に就ては、之を利導《りどう》する教育の努力が小《ちい》さいと云うよりも、之を毒害する政治の影響が大である、と云うのが公平である。世人が教育家のみを難ずるは偏見である。が、併し、教育家自身の態度も亦《また》満足すべからざるものがありはしないか。教育家自身も、政治の教育的意味に無頓着ではないか、と私は憂うるのである。教育家が、政治家の変節や普通社会の脱税や投票売買を見て、平然たり得るようでは、其の唱うる所の理想や、其の説く所の忠君や愛国や、遂《つい》に徹底的実現を見ることなくして終るであろう。然《さ》れば、教育家は、常に政治に注目し、之を一種の教材として、批評すべきものである。教育家は、政治を対岸の火災視すべきものではなく、之が類焼《るいしょう》者たるの心持《も》を有たねばならないのである。

（大正七年七月乃至八月）

我が立憲制度の由来

一　我が憲法の最初

我が国の立憲制度は大日本帝国憲法の制定に依て確立せられたものである。大日本帝国憲法は明治天皇の制定発布し給うたもので、其の発布せられたのは明治二十二年二月十一日、其の実施せられたのは明治二十三年第一回帝国議会開会の時であった。それ故に、我が国は右の大日本帝国憲法の制定に依って始めて憲法を得、従って其の実施に依って始めて立憲君主国と為《な》ったのである。其の以前は、我が国は憲法を有せず、従って専制君主国であったと云うの外《ほか》はない。斯《か》く云うことを以て、何となく我が国の価値を下すものであるかのように感ずる人があるかも知れぬが、それは無用の心配である。国家の政治の様式は結局国民の思想の要求に依って定まるものであって、而《しか》して、国民の思想の発達の過程は国家に依って異るから、同一の政治の様式でも、国家に依って其の発現の時期を異にするのは已《や》むを得ない。然《しか》るに右のような無用の心配を為す人は、或は帝国の価値を下さぬようにと案じて、種々の説明を試みるかも知れぬ。其の説明の一として考えられるものは、我が国には建国の初より憲法があったと云う見解である。此の説明は、憲法を国家の根本法と解するに於て始めて成立し得るものであるが、併《しか》し其の意味に於ては、独り我が国のみならず総《すべ》ての国家に就《つい》て同じ事を云い得るので、吾々の憲法と云うのがそう云う意味でないことは後に述ぶる如くである。更に考えられる説明は、我が国の憲法は大日本帝国憲法の制定に依って生じたのだが、憲法の精神は建国以来存するものであると云う見解である。我が国が世襲君主国であることや、君主が政治を行わせらるるに当りて、常に民福《みんぷく》や民意を重んじ給うことは、固《もと》より我が国の建国以来定まって居ることであるから、之れを指して憲法の精神と云うならば、右の説明は固より正しい。然《しか》しながら、国家の作用が国民の参与に依って行われねばならぬと云う原則を、憲法の精神とするならば、そう云う原則は、疑もなく明治維新後に発生したものである。決して建国以来存したものではない。而《しか》してそう云う原則を国家の法として表わした最初のものが即ち大日本帝国憲法である。即ち今日吾々の云う憲法は我が国に於ては此の大日本帝国憲法を初めとするのである。それ故に先《ま》ず憲法の何たるかを明《あきらか》にせねばならぬ。

憲法なる文字は、昔、已《すで》に彼《か》の聖徳太子の憲法と云うものにも現われて居るが、併しそれは今日の憲法と何等の関係もない。今日吾々が憲法と云う語で表わす所の観念は、古《いにしえ》から我が国民の思想中に存して居たものではなく、明治維新になってから、発生したものであって、之に我が国在来の憲法と云う語をあてはめたものである。

憲法と云う語を字義通りに解すると、国家の根本法即ち国家の組織や作用のことを定める根本規則と云うこととなる。学者中にも往々此《かく》の如き説明を下して満足して居る者がある。併《しか》し、それは今日の国法学や政治学で云う所の憲法の観念ではない。単に国家の根本法と云う意義を取るならば、凡《およ》そ国として憲法を有せざるものはないであろう。何故なれば、国家が存立するには、必ず其の組織及び作用に関する基本的規則がなくてはならぬ。それが成文となって居るか否かは全く別として、苟《いやしく》も国家の根本法がなくては、国家は存立し得ないのである。国家と云えば永続性を有せねばならぬものであるが、其の永続性は、其の組織及び作用に付て一定の規則が定められる場合に、始めて生ずる。之に就て何等の規則もなく、今日は今日、明日は明日と云うように、其の時々に組織や作用の方法を定め又《また》変じて行くならば、決して国家と云う共同団体が存立し得るものではない。故に苟も国家が存立して居る以上は、其の組織及び作用に関する根本法を欠くことは出来ぬ。従って此の如き根本法を指して憲法と云うても、それは何等特別の意味をも有せないものである。

然《さ》れば、今日特に憲法と云うものは、決して単に国家の根本法であるばかりではなく、国家の根本法であって且又《かつまた》或特別の事項を定むるものである。其の特別の事項とは、国家の作用に参与する形式のことを指す。それで、国家の根本法にして、其の中に、国民が国家の作用に参与する形式を定め、従って国家の作用は国民の参与に依って行われるべきことを定めてあるならば、それは憲法である。然らずんばそれは憲法ではない。そこで、国家は必ずしも総《すべ》て憲法を有して居るとは限らぬ。斯《こ》う云う意義の憲法を有する国家を立憲国と云い、之を有せざる国家を専制国と云う。併《しか》し、如何なる程度に於て国民が国家の作用に参与するかと云うことは、憲法の定め方に依って一様でなく、従って国家に依って異るのであるが、兎《と》に角《かく》、国民の国家の作用に参与すると云うことが定められてあらねば、茲《ここ》に謂う所の憲法ではないのである。憲法たるには、此の如く、国民が国家の作用に参与することを定むるを要するのであるが、併しそれ以外の事項を定めてはならぬと云うのではない。それ以外に於て、如何なる事項を、憲法で定めるかは、国家が如何なる範囲の事項を、自国存立の基礎とし、之を其の根本法中に定むべしとするかと云う問題である。従って国家に依って異るであろう。例えば日本では憲法に規定してある事項でも、外国では憲法以外の普通法に規定してあるものもあり、又《また》外国では憲法に規定してある事項でも、日本では憲法以外の普通法に規定してあるものもある。それは全く各国家の見る所に依って違うのである。唯、前に述べた如く、兎に角、国民が国家の作用に参与するという点を定めて居ないものは、名称の如何に拘《かかわ》らず、憲法でないと云うことを忘れてはならぬ。

二　我が憲法の由来を見るの用意

然らば大日本帝国憲法は如何にして出来たか。帝国憲法の由来を考えて見ねばならぬ。之は既に多数学者が種々の憲法の書物で述べて居る所のものであって、一見分りきったことのように思われるが、それにも拘らず私が特に茲《ここ》に之を一言するのは、私は平生普通の説明に不満足を感じて居るからである。私の考では、憲法の由来は国民の自己主張の思想の発達を離れては、説明し得るものではない。西洋の憲法を取調べた手続や、憲法の条文を起稿した沿革なども固《もと》より重要のことであるが、併《しか》しそれだけで以て憲法の由来を説明したものとは云えぬ。寧《むし》ろ、条文の起稿は末のことであって、其の起稿を促すに至った思想其のものが本である。国民が国家的生活に於て、自己を意識し自己を主張するの思想を有しない間は、憲法と云う問題は起り得ない。それ故に、憲法の由来に就ては、憲法と云う考が出来た思想上の方面と、憲法と云う法が出来た制定上の方面とを分って見るの必要がある。一国の憲法は其の制定の時に成るも、憲法思想は憲法制定の時に生ずるものではないから、憲法の由来は之を促した思想の発達を離れては意味を欠くものである。

三　憲法思想の発達

憲法思想、即ち国民が憲法を希望するの思想は、何《いず》れの国に於ても憲法の制定に先《さきだっ》て生じたものである。憲法は国民に憲法思想がなくして、偶然に成立するものではない。所謂《いわゆる》欽定憲法でも、矢張《やはり》国民の憲法思想の結果として成立するのである。我が国も其の通りである。然《しか》るに我が国に於ては動《やや》もすると、憲法制定の手続のみを以て憲法の由来の重要部分なりと看做《みな》し、其の思想の発達の方面を軽視するの風がありはしまいか。私は常に之を遺憾として居るのである。

憲法と云う思想は明治維新前封建制度の時代には起らなかった。其の理由は起り得なかったからである。何となれば封建制度の時代に於ては、階級思想が発達して、一般に国民の個人的価値は認められて居ない。従って国民が自己の意志を以て国家の作用に参与すると云うような思想が起らなかったのは勿論《もちろん》である。所《ところ》が、封建制度の下には憲法思想が起り得ないと云うも、而《しかれど》も封建制度の崩壊すると云うことは、決して当然に憲法思想の勃興を来《きた》すべきものだとは云えない。場合に依っては西洋の歴史に見えるように封建制度が壊れて中央の君主の専制政治が行われるということがあり得る。然るに、我が国に於ては、封建制度の崩壊が同時に憲法政治の萌芽となった。之は非常に幸福なことと云わねばならぬ。斯《か》く見地を定めて、明治維新以来憲法制定に至るまでの思想の発達を、大体三期に分つことが出来る。第一期は、国家の政治を君主や君主の周囲の少数者の意志のみで決せずして、衆議に依て政治をするという一般的思想が現われて来た時代である。第二期は其の思想が更に進んで民選議院を要求するに至った時代である。第三期は愈々《いよいよ》民選議院開設のことが定まって、更に進んで稍々《やや》具体的の政治主義を議論した時代である。

第一期には、直接に憲法思想を生じたとは云い得ないが、憲法思想の前提として、少数者の専断を非とするの思想を生じたのである。一般に衆議を重んずと云う思想は、実に憲法思想の根柢と云うて差支《さしつかえ》ない。

王政復古の当初、明治元年三月に明治天皇の下し給うた所の五箇条の御誓文《ごせいもん》は専ら右の趣旨に出ずるのであるが、中にも、其の第一条に「広ク会議ヲ興《おこ》シ万機《ばんき》公論ニ決スベシ」とあるは殊に明白である。次《つい》で同年閏《うるう》四月、政体書を頒布せられたが、其の中に「天下ノ権力総《すべ》テ之ヲ太政官ニ帰ス、之ヲ分チ、立法、行政、司法ノ三権トシ偏重ノ患《うれい》ナカラシム」とある。此《か》くの如く衆議を重んじて会議を興すと云い、又立法、行政、司法の三権の分立を云うは、全く西洋の思想の影響を受けたのであるが、併《しか》し当時の立案者は、未だ精細に西洋の事情を研究したのではなかった。それで会議を興すと云うも、一般国民の代表者をして其の意見を述べしむるのではなかった。右の趣旨で出来た所の制度は屢々《しばしば》変更した。最初出来た下の議事所、公議所は各藩主が其の藩士中より選任した者より成り、之が廃せられて、次に出来た集議院は各藩及び府県知事が其の下官より選任した者より成り、何《いず》れも各藩又《また》は府県を代表するもので直接に国民を代表するものではなかったのである。

第二期は、民選議院を要求するの声の起った時代であるが、元来民選議院の説は明治七年一月、板垣退助、江藤新平等の諸氏が、民選議院を立つるの建白を為して以来、世上の議論と為《な》った。之は板垣江藤諸氏が朝《ちょう》に在りて西郷隆盛と共に征韓論を唱え、議容《い》れられずして、明治六年十一月野《や》に下ってから間もない事であるが、板垣等の野に下るや、一部の人士は、朝に在て征韓論に反対した者を殺さんとするに至った。それで板垣氏等は自己が右の暴挙に加わるの意なきことを明白にするが為に、民選議院建白の手段に出でたのだと云う説があると聞く。私は勿論《もちろん》それ等の事の真相を判断し得ないのであるが、併《しか》し板垣氏は以前から民選議院の意見を唱えて居たようだ。即ち板垣氏は、明治四年廃藩の断行せられた際木戸〔孝允（桂小五郎）〕氏に向って、「廃藩の事は不可ではないが、事の順序として各藩の代表者の会議たる衆議院の議決を経べきものであった。然るに、今之《これ》を行わずして、五六の者が之を断行したのは、恐らくは専制の風の起る本であろう。今は已《すで》に藩を廃し、従って衆議院はないのであるから已《や》むを得ぬとして、将来の為めに、之に代るの民選議院を立つるが良い」と云うたと云う事だから、板垣氏の民選議院の意見は根柢の深いものである。建白書に依れば、其の精神は、国家を振興するの道は「唯天下ノ公議ヲ張ルニ在ルノミ、天下ノ公議ヲ張ルハ、民選議院ヲ立ツルニ在ルノミ」と云うに在った。

民選議院の論に付いては、加藤弘之、森有礼《ありのり》、西周《あまね》等諸氏の尚早説あり、中村正直《まさなお》、津田真道《まみち》等諸氏の賛成説あり、西村茂樹氏の熟議説あり。議論紛々《ふんぷん》であったが、併し大勢は漸次其の方向に向ったのである。

板垣氏等建白の後間もなく其の年五月、地方官会議の制を定められたが、此の地方官会議は今日の地方官会議とは其の意味を異にしたもので、将来全国民の代表者たる会議を興《おこ》すの準備として、先《ま》ず地方長官をして、「人民に代りて」会議せしめたるものである。其の事は当時此の制度を公にした、議院憲法を頒《わか》つの詔《みことのり》に示されて居る。詔に此の会議に於ては、地方長官は人民の代表者たる心得を持って会議するのであるから、其の言論忌諱《きき》に触るるも糾断《きゅうだん》するを得ずとせられた。之に依れば、此の地方官会議は官選の国民代表議会とも云うべき、一種異様のものであって、民選議院の前触《まえぶれ》であったと云うて良い。

右の地方官会議は明治七年九月を第一回とし、次で毎年一回、及び臨時必要の場合に開く筈《はず》であったが、台湾事件の為に、七年には之を開かなかった。後明治八年、所謂《いわゆる》大阪会議の結果、板垣氏は木戸氏と共に再び朝《ちょう》に入り、同年四月再び地方官会議を興《おこ》すの詔が下った。其の中に「朕今誓文《せいもん》ノ意ヲ拡充シ、茲《ここ》ニ元老院ヲ設ク、以テ立法ノ源ヲ広メ、大審院ヲ置キ以テ審判ノ権ヲ鞏《かた》クシ、又地方官ヲ召集シ以テ民情ヲ通シ公益ヲ図リ、漸次ニ国家立憲ノ政体ヲ立テ、汝衆庶《しゅうしょ》ト倶《とも》ニ其慶ニ頼《よ》ラント欲ス」とある。此の詔で、立憲政体なる語が明《あきら》かに公文書に上って来たのであって、之で帝国政体の将来の大方針が定まったものと云うて良い。元老院は華族、高等官、国家に功労ありし者及び学識を有する者より勅任《ちょくにん》せられた者を以て組織し、国会の上院に擬せられ、地方官会議は下院に擬せられたのであるが、元老院は明治二十三年の国会開設に至るまで存続したが、地方官会議の召集は明治十三年を以て最終とする。

右の通り、地方官会議が出来て、兎《と》にも角《かく》にも国民の意志を通ぜしむると云う形式は出来たのであるが、併《しか》し、真実国民の代表者と云うべきものでないことは勿論《もちろん》であって、国民の選挙に係る国会を要求するの声は依然として絶えない。それで、初めて民選議会が出来たのは明治十一年の府県会規則であって、国民の選挙したる議員を以て組織する府県会が出来、次《つい》で明治十三年に区町村会法に依って区町村会が出来た。それ故に国民が選挙に依って代表者を出し、之に依て政治に参与するの制度は、先《ま》ず地方政治に付て行われたと云わねばならぬ。

恰《あたか》も此の明治十一年頃から、益々《ますます》民選国会を要求するの声が高くなった。それは、彼《か》の立憲政体設立の 詔《みことのり》 出でて三年に及ぶにも拘《かかわ》らず、唯《ただ》地方官会議や地方の府県会位《くらい》で、一時を糊塗《こと》して居ると云うのを攻撃するのであった。所謂《いわゆる》自由民権の主張や所謂国会請願の運動が起った。議論として福沢諭吉、小野梓《あずさ》等の諸氏は国会開設を唱え、板垣氏等は之を運動した。其の他志士《しし》論客が輩出して演説会や懇親会を開いた。明治十三年政府は集会条例を発布して、此等《これら》の会合を抑圧しようとしたが、益々反動の声を高くし、遂《つい》に自由党の組織を促した。彼の西園寺公望氏が仏国から帰り、中江篤介《とくすけ》〔兆民〕、松田正久《まさひさ》等の諸氏と相《あい》共に、『東洋自由新聞』を発刊したも実に此の時である。

翻って廟堂《びょうどう》諸公の意見を見るに、明《あきらか》に国会開設に賛成を表したものは唯《ただ》井上馨《かおる》氏と大隈重信氏とであって、二人共天下の輿論《よろん》に従って国会を開設すべきことを建議した。唯其《そ》の開設の方法、時期に付ては両者の意見一致して居ない。大隈氏の意見は具体的であって、十四年末憲法を制定し十五年末議員を召集し十六年首に国会を開設すべしと云うのである。政府も国民の輿論の在る所、如何ともする能《あた》わず遂に国会開設のことに決し唯《ただ》其の時期に付て速開主義をやめた。即ち明治十四年十月 詔《みことのり》 あり、「将《まさ》ニ明治二十三年ヲ期シ議員ヲ召シ国会ヲ開キ、以テ朕カ初志ヲ成サントス（中略）其ノ組織権限ニ至リテハ朕親《みずか》ラ衷ヲ裁シ、時ニ及テ公布スル所アラントス」と宣《のたも》うた。大隈氏は参議を罷《や》められて野に下ったのである。

第三期には 愈《いよいよ》 国会開設のことが定まって、多少具体的の政治主義の議論が行われたのである。政党も此の時代に発達し初めた。

元来憲法制定の手続に就て、予《かね》て議論があり、在野党は所謂《いわゆる》民約主義を主張し、先《ま》ず国民議会を開て憲法を制定すべしとしたのであるが、政府党は所謂欽定主義を以て、天皇単独に制定せらるべきことを論じた。併《しか》し、彼の明治十四年の大詔を以て、欽定主義に依ることを定められたので、小野梓氏の如きは「此の上は、憲法起草局を設けて、ここに勅選《ちよくせん》の局員を置き、其の草案は、之を天下に公示し、時を限り公衆をして自由に批評せしめ、然《しか》る後局員の会議に因《よ》り、之に修正を加え、勅裁《ちよくさい》を請うべし」と主張した位《くらい》である。併し此の論は到底《とうてい》容れられなかった。

野に下った大隈氏は十五年同志と共に改進党を結び、板垣氏の率いる自由党と併立し、共に野に在って民論の帰一、民心の向上を計ったが、此の間に帝政党と云う政府党も出来た。

之より、各地方に自由の説益々熾《ますますさかん》と為り、国事犯なども起った。それで、政府には彼の地方の言論の府たる府県会を中止し一に武断政治を行うべしとする意見もあった。此の府県会中止説は実行には至らなかったが、此の精神は政府党の本音であって、各地方官民の抗争が起った。彼の板垣氏が明治十五年岐阜県遊説の途、一刺客《しかく》の為に刺されたのも実に此の時であって、当時、板垣氏が「板垣死すとも自由は亡びず」と叫んだ声は、永久我が国民の耳に残るであろう。

民間の議論は右の如く喧《かまびす》しかったが、兎《と》に角《か》、憲法を制定すると云うことは定まったのであるから、政府は具体的に憲法の制定の準備を整えた。

四　憲法制定の由来

憲法制定の大方針確立したが、之を制定するには西洋の制度を参酌《さんしゃく》せねばならなかった。それで、明治十五年伊藤博文氏等が勅命に依って、欧洲に赴き、或はグナイスト〔ルドルフ・フォン・グナイスト（一八一六―九五年）〕、シュタイン〔ローレンツ・フォン・シュタイン（一八一五―九〇年）〕等の鴻儒《こうじゅ》に就て教を請い、或は各国の憲政制度を調査して、一年を経て帰朝した。伊藤氏等は帰朝後憲法其の他の制度の立案に従事したが、憲法草案略《ほぼ》成るの後、明治二十一年新《あらた》に枢密院を置き、元勲練達《げんくんれんたつ》の士を勅任して枢密院を組織し、之を天皇の最高顧問府とし、憲法草案を諮詢《しじゅん》し給うた。そして御裁定の上明治二十二年二月十一日紀元節の佳辰《かしん》を以て、之を発布せられたのである。

五　由来の尊重

以上に依て見ると、帝国の憲法も本《もと》は国民が憲法を希望するの思想に基《もとづ》いて出来たものであると云わねばならぬ。之は欧洲の憲法と同じことである。何《いず》れの国家の憲法も国民の希望なしに出来るものではない。唯《ただ》君主国に於ては、君主が国民の憲法の希望に対する態度に種々ある。或は君主が本来此の国民の希望を容るるを喜ばず、従って君民の間に争いを生ずることもあり、或は君主が喜んで此の国民の希望を容れ、従って君民の間に争いを生じないこともある。西洋に於ては君民の間に争いがあり我国に於ては之がなかった。之が実に彼我重大なる差異である。君民の間に争いなく君主の意志と国民の希望とが、真実同一に帰すると云うことに非常に大なる意味があるのである。之が帝国の特色である。故に憲法が国民の希望に基くと云うことを、君民の間の争いがあると云うことと混同してはならぬ。若《も》し帝国の憲法が国民の希望に基くと云う事実を否認し、又《また》之を明《あきらか》にすることを好まぬ人があるならば、それは恐らく右の様な混同の結果であろう。

帝国の憲法も国民の希望に基くものであると云うことは一の事実であるから、憲法の由来の説明としては之を曲ぐるを得ないのであるが、私は尚《な》お別の方面から見て、此のことを明にするの必要を思う。それは此のことが憲法尊重の精神に影響するからである。

帝国の憲法は天皇の下し給わったものであるから、此の点からして既に吾々国民は之を尊重せねばならぬ。更に考えると、天皇の之を下し給わったのは、本《もと》と吾々国民が御願申したのであって、天皇が之を御聴許《ちょうきょ》あらせられたのである。そう考えると、吾々国民が之を尊重するの念は益々《ますます》高まって来る。少くとも私は斯《か》く信ずる。若《も》し、帝国の憲法は吾々国民の希望したものではないと云うならば、それが事実に反するのみでなく、それが却《かえっ》て憲法尊重の念を弱からしむるの結果を生じはしまいかと思う。それ故に、憲法の由来を説くに当っては、矢張《やはり》国民の希望に基《もとづ》くものであると云う点、殊に吾々の先輩たる幾多の先覚者が奔走したことを明《あきらか》にするが良いと思う。憲法の骨子たる代議機関を作ると云うようなことは帝国の思想史上重大なる変遷であって、国民が此の希望を発表するに種々の困難に逢うたことは怪むに足らない。或は生命を賭し財産を抛《なげう》った者も無いではなかった。それにも拘《かかわ》らず、君民の争いと云うものが無かったのは、我が君主が常に民意を容れさせ給い民福をのみ計らせ給うからである。そう考えると、吾々国民は、吾々の先覚者の熱誠《ねっせい》に励まされ、又《また》之を容れさせ給うた君主の鴻恩《こうおん》を謝するの念が起り、憲法を尊重するの念を起すのである。

それであるから、吾々国民は、憲法成立の由来を是非共《ぜひとも》事実に徴して知って置かなければならぬ。其の制定の由来ということも勿論《もちろん》重要であるが、それよりも寧《むし》ろ思想の由来をよく知って居なければならぬ。吾々国民は云うまでもなく憲法を下し給うた我が君主の鴻恩を思わずには居られない。又憲法の制定に参与した人々の功労を称えざるを得ない。尚《な》お之と共に、憲法と云う思想を喚起した人々に感謝しなければならぬのである。我が国民の先覚者として憲法制定を促すが為に其の生命をも財産をも擲《なげう》つほどに尽した人々を追懐《ついかい》すると云うことは、吾々国民として重大なる義務ではあるまいか。前にも云うた如く何《いず》れの国に於ても、国民の要求なくして憲法が出来たものは無い。而《しか》も我が国に於ては、此の国民の要求を、慈悲深い君主が直に尤《もっとも》なりとして、和気靄々《わきあいあい》の中に憲法を下された。之に反して、西洋に於ては其の要求に対して君主の態度が直に決まらないで、遂《つい》に血を見るに至った。彼我の間には此の区別があって、而して此の区別が最も重大なるものである。若《も》し、我が国に於ては敢て国民の要求があったのではなく、それにも拘らず、唯《ただ》君主が御慈悲深くして、憲法を御下しになったのであると云う風に考える人があるならば、それは事実に反して居る。且《かつ》事実を曲ぐるの必要はない。国民の要求が憲法を促したと云うことは、吾々の忠君と云う思想と少しも抵触《ていしょく》しないのである。君主が国民の要求を容れられて和気靄々の中に憲法を下されたという点が、他国に見ない貴いことであって、恰《あたか》もそこに真の君民和合の美が存するのである。

六　憲法と人類の生活

憲法の意義の明《あきらか》となった以上、尚《な》お更に進んで憲法が人類の生活に対して如何なる意味を有するかを考えて見よう。独り憲法に限らず凡《およ》そ国家の制度は、悉《ことごと》く人類の生活に対して或意味を有するものであって、国家の制度にして人類の生活と関係のないものは一つもない。然《しか》るに、世人は動《やや》もすると、憲法が人類の生活に重大の関係を有することを等閑《なおざり》にして居るではないかと、疑われる。

一体生活とは何を謂うのであるか。哲学上、宗教上、生物学上等から種々の説明があるであろう。が、私の考では、生活の要素として一の欠くべからざるものがある。それは即ち自己意識と云うことである。人類は自己意識を有するが為に其の存在の価値を有し、従って生活と云うものを生ずるのである。若《も》しこう云う自己意識を有せずして、生命を保って居るならば、それは、単に呼吸するので、生活するのではない。即ち吾々人類に自己意識と云うものがないならば、生きて居ると云うことは、草木に生命があると云うのと同じ意味に於て生きて居るに止《とど》まる。既に自己を意識する以上は、其の自己を主張するのは又《また》理の当然である。そこで、人類は自己の意志に基《もとづ》いて行動することを要求するのである。尤《もっと》も茲《ここ》には、自己主張が現代の人類の要求であると云うことを云うに過ぎぬ。決して、それが人類の本性であると云うのではない。現代以前の時代の人類も亦《また》自己主張の要求を有して居たかどうか、それは別論であって、茲では、少くとも現代の人類はそうであると云うのみである。

人類の自己主張は各種の方面に現われる。家族関係や経済関係や其の他の社会関係は云うまでもないが、政治関係に於ても亦均《ひと》しく自己主張が現われざるを得ない。政治関係に於ける吾人《ごじん》の自己主張は、国家の作用が吾々の意志に基《もとづ》いて行われることに外《ほか》ならぬ。吾々は国家の政治作用が吾々の意志を無視して行われることに満足するを得ない。民をして単に依らしむるの状況を脱して、民をして知らしむるの状況に赴くのは、固《もと》より自己主張の要求に近づくものであるが、併《しか》し民をして知らしむるのみでは未だ完全に自己主張の要求を容れたものではない。民をして行わしめねばならぬ。依らしむるより知らしむるに進み、知らしむるより、更に、行わしむるに進んで、始めて自己主張の政治ありと云い得るのである。然るに、憲法は既に述べた如く、国民が国家の作用に参与することを定むるものであるとせば、是《こ》れ畢竟政治関係に於て自己主張を保障するものに外ならぬ。然《さ》れば、憲法は、之を現代の人類の思想に照し見て、合理的のものである。近頃憲法政治に対して種々の非難がある。実際非難すべきこともあろう。併し、国民が国家の作用に参与すると云う点は、苟《いやしく》も自己主張の要求を有する現代人類の飽《あく》まで望む所であらねばならぬ。

七　憲法に対する無頓着

憲法実施後既《すで》に二十五年を経過したが、憲政の現状は決して満足すべきものではない。世人が、此の頃今更《いまさら》のように、憲法尊重を叫び憲法教育を促すのも、畢竟、憲政の現状に対する不満足の心情の流露《りゅうろ》に外ならぬのである。然らば如何にせばよいであろうか。之に就ては、先《ま》ず、世間で漠然と呼号《こごう》して居る所の不満足の声を、少しく精密に聴き分けて見ねばならぬ。

憲政の現状に対する不満足中には、或は現行の制度に対する不満足もあり、或は現行の制度の運用に対する不満足もある。先ず、現行制度に対するの不満足を除くが為には、現行の憲法の規定を改正せねばならぬ。憲法の規定中改正すべきものを研究するは、重要なるに相違ないのではあるが併《しか》しそれは本論の目的でない。次に現行の制度の運用に対する不満足とは、現行の憲法の運用が誤らるることに対する不満足であって、此の不満足は、憲法の規定が法の精神の通りに遵由《じゅんゆう》せられない結果として、生ずるのである。憲法の運用を誤る者としては、政治家もあり一般国民もある。此等《これら》の憲法の運用を誤る者は、憲法が国家の法の中で最も重い地位を占むるものであることを、能《よ》く知って居る。而《しかれど》も其の運用に意を用いぬのは何故であろうか。それは全く、憲法が人類の生活に対して如何なる意味を有するかに思い到らぬからである。此等の者を目して、敢て憲法を軽視する者と云うに及ばぬ。此等の者は憲法に対して無頓着なのである。それ故に、吾々は吾々の生活と云う立場から憲法を見て、憲法の規定が吾々の生活と重大の関係のあることを知るようにせねばならぬ。元来吾々は、国家の法の中で、人類の社会的生活に関する法には注意することを怠らぬが、人類の国家的生活に関する法には、通常は無頓着なものである。例えば、他人に金を貸した者が、如何にして之が返済を求め得るかと云うことには、注意するが、如何にして衆議院議員を選挙すべきかと云うことには、注意しない。之は全く、国家的生活も亦《また》、吾々自分の生活であると云う感じが薄いが為であろう。之を憲法に就て云うと、憲法は吾々の生活に縁遠いものであるかのように思って居るのである。それが抑《そもそ》もの誤りであるから、吾々は憲法が現代人たる吾々の自己主張の様式を定むるものであると云う点を高調《こうちょう》せねばならぬ。

（大正四年六月乃至七月）

現代の政治と信念

一

政治は共同生活の利益を目的とするものであって、此の点に於ては古《いにしえ》も今も渝《かわ》らない。若《も》し古に於て、政治を共同生活の利益と云う見地に於て行わずして、或特定の個人又は特定の階級の利益と云う見地に於て行ったものがあるとすれば、それは真の意味に於ける政治でなかったのである。然《さ》れば、政治が共同生活の利益を目的とするものであると云う点からすれば、政治に就《つい》て、古の政治と今の政治とを別つべき必要がない。従って、特に「現代の政治」というようなことを云うことは出来ない訳である。然《しか》るに、何が政治の目的たる共同生活の利益であるかと云う点になって来ると、古と今と必ずしも同一ではないのであるから、此の点に於ては、古の政治と今の政治との区別があり、そこで「現代の政治」と云う観念が出て来るのである。

然るに何が共同生活の利益であるかと云うことを考えるに就ては、少くとも次の二つの事を注意せねばならぬ。第一に、其の利益を定むるところの標準が要る。其の標準は或は経済上の見地から考える場合もあろうし、或は政治上の見地から考える場合もあろう。古に於ては、或は経済上、又は政治上と、其の何《いず》れかに偏して居ったと云うこともあるが、今に於ては、其の何れをも尊重しなければならぬ。第二に、経済上の利益なり、政治上の利益なりを達するにしても、其の標準に該当するや否やを、如何にして定むるかと云う方法が要る。言換えれば、政治が其の標準に該当して居ると云うことを如何にして知るべきかという点が必要である。然るに、政治は一般の社会現象と同じく、結局人類の意志に依って指定されるものであるから、如何にして右の標準を定めるかと云うことは、要するに、何人《なんぴと》が之を定めるかと云うことに外《ほか》ならない。それ故につまり、何人が、政治の目的たるところの利益とすべきものを定めるかと、斯《こ》う云う点に帰着するのである。而《しか》して、古に於ては、特に右の点を定めることを特別の任務として居るところの者、言い換えれば、或特別の階級のみによって、右の点が定められたのであったけれども、今に於ては、そうでなく、之を輿論《よろん》又は公論と云うところのもので定めることになって居る。然れば、古に於ても、政治が共同の利益を図るものであったことは疑ないが、然《しか》しながら、其の共同の利益が何であるかを決定するのは、共同の行動でなかった。ところが、現代に於ては、政治が共同の利益に関することを必要とするのみならず、其の共同の利益に関するや否やを定めることそれ自身が、或意味に於て共同の行動でなければならぬ。そこで之を通常輿論又は公論と云うて居るのであって、結局、現代の政治は輿論又は公論に依って監督せらるるもの、此の監督と云うことをもう少し広めて、輿論又は公論に依って行われるものと云っても宜《よ》いと思う。之が即ち「現代の政治」の特徴である。

特に「現代の政治」と云う観念の生ずる所以《ゆえん》は右の如くである。然るに、政治と云うものは、前に言った通り、人に依って行われるものであるから、政治と人、言い換えれば、政治と人格との関係の問題がある。古に於ても、現今に於ても、政治上のすべての問題の解決が人格に帰着すると云うことは、何人も争うことが出来ないと思う。古に於ては、例えば君主であるとか、宰相であるとか、そう云う特殊の人の人格、之がやがて政治と云うものを決するものであったからして、古の政治に於ては、人格と云うこと、言い換えれば人の信念と云うことが、非常なる影響を持って居るものであった。さて此《かく》の如く、人格、言い換えて人の信念が、政治に影響すると云うことは、「現代の政治」ではどうであろうか。古の政治に就ては、それは何人も疑わぬところである。然しながら、それが「現代の政治」に就てはどうであろう、斯《こ》う云う問題が出て来る。此に於てか、「現代の政治と信念」という問題が成立つ訳である。成立つと云うよりは、寧《むし》ろ私が成立たせたのであるが、私が之を成立たせて、之を研究するのは、勿論《もちろん》其の必要を感じて居るからである。

然らば、私が此の問題を提示したのはどういう訳であるか。私の観る所では、現今我が国の一般人士は、現代の政治に於ては人格、信念と云うようなものは、あまり大した影響はない、大した力はない、と云う風に考え込んで居るように見ゆる。而して、此の如き考は非常なる誤であって、それが、政治の禍根《かこん》である。よく人は言う。「政治は非常に腐敗している。併《しか》し、それは天下の大勢である。到底《とうてい》一人や二人の力では如何ともすることが出来ないからして、自分は引込んでいるの外《ほか》はない」と。即ち、大勢如何ともしがたし、斯《こ》う云う考がある。換言すれば、現代に於ては、自分の人格、信念などは、政治に対しては、殆《ほとん》ど其の影響がないものであると云う風に、各人が考えて居るのである。それは果して正当なる考方であろうか。私は否と答える。

此の如き考は、全く、「現代の政治」が輿論又は公論に依って行われると云うに於ける、所謂《いわゆる》輿論又は公論と云うものの誤解から起るのである。即ち此の誤解の結果、「現代の政治」に於ける信念の価値を見誤って居るのである。

二

そこで、先《ま》ず吾々は輿論又は公論とは何ぞやと云うことを考えて見なければならない。然るに、輿論又公論と云うものの観念を決すること、少くとも積極的に、斯々《かくかく》のものが輿論又は公論であると云う風に言い現すことは、頗《すこぶ》る困難である。唯《ただ》一つ何人も 争《あらそい》のない点として、消極的に説明して、或特定の人又は特定の階級のみの意見ではないと云うことは言えるが、之を積極的に、どう云うものが輿論又は公論だと言うことは、極めてむずかしく、多くの学者も適当な説明の語を発見するに苦《くるし》んで居る。西洋の学者の言に依れば、右に述べたような消極的の意味に理解せられた輿論又は公論と云う観念は、よほど前からあった。羅馬《ローマ》や希臘《ギリシヤ》の時代にもあった。然《しか》しながら、それを何ぞやと積極的に理解することは、頗《すこぶ》る困難であったからして、輿論又は公論は神の声だと言われて居たと云う話もある。輿論又は公論を神の声など云うことは一笑に附して差支《さしつかえ》ないように見えるけれども、考え方に依ては、現代に於ても或意味があるように思われる。と云うのは、輿論又は公論と云うものは誰から言い出して、いかにして成立するかと云うことは分らない。一種神秘的のものだと考えられる。そう云う神秘的なるものと云うことを示すものとして、神の声であると云うても、形容的の語としては、今日でも用いて差支なかろうと思う。が、さて其の神の声とは何であるかと云うことの分り難いのは、彼《か》のメーン〔ヘンリー・メイン（一八二二―八八年）〕の如きも其の著『ポピュラー、ガヴァーメント』〔『民衆政治』（一八八五年）〕の中に云うて居る通りである。

私は学者の学説に聴き、又自分でも考えた結果、次のような説明を下したい。即ち、輿論又は公論というものは、共同生活に於て支配すべきものと承認せられる意見であると。此の意味を説明するに就ては、其《それ》が意見であると云うこと、支配すべきものと承認せられる意見であると云うこと、共同生活に於て支配すべきものと承認せられる意見であると云うこと。此の三つに分けなければならぬけれども、其の中《うち》、共同生活に於けるものと云うことと、意見であると云うことは、茲《ここ》に私が言いたいと思う「現代の政治と信念」と云う問題には関係がないから、之を省いて、只《ただ》一つ「支配すべきものと承認せらるる意見」と云うことを少し考えて見たい。

或共同生活に於て、何処《どこ》からどうして来たか知らないが、或意見が支配すると云うことは、日常我々の目撃して居る現象である。而《しか》して之を或は社会の意見、即ち個人を離れた社会の意見と云う風に見る人もあろうし、或は唯《ただ》結局個人の意見が或方法を以て現れたに過ぎないと云う風に見る人もあろうが、いずれにしても、輿論又は公論と云うものは、或社会の共同生活に於て、其の社会員相互間の意見が接触し関係するところから出て来るものであると云うことは、誰しも疑なきところであるからして、それを社会其《その》ものの意見と見るか、或方法に於て現れた個人の意見と見るべきかと云うことは、姑《しばら》く解決せずに置いて差支《さしつかえ》ないと思う。兎《と》に角《かく》、そう云う風な個人相互間の関係に基《もとづ》いて、茲に其の共同生活を支配するところの意見が出る。其の意見が、其の社会を構成して居るところのすべての人類の意見と全然同一である場合には、何等の問題も起らない。然《しか》しながら、其の共同生活に於ける人類の意見が、甲派と乙派とに分れて居る場合に、若《も》し甲派の意見が其の共同生活に於て支配する位置に立ったとすれば、其の甲派の意見を直ちに輿論又は公論と謂って宜《よ》かろうか、どうか、斯《こ》ういう問題が出て来る。故に輿論又は公論の本質に関する問題は、其の共同生活に於て、すべての人類が意見を同じくした場合は必要はないのであって、色々意見の分れて居る時に就て、輿論又は公論というものの性質を考える必要があるのである。

さて、甲派と乙派とに、意見の分れて居る場合、甲派の意見が其の社会を支配すると云うことのあるのは、それで分るが、此《か》の如《く》く支配するには、其の理由が二つに分れる。其の一は事実上の威力によって行われること、どういう訳と云ってはない。兎《と》に角《かく》行われるのである。其の二は共同社会に於ける人類の承認によって行われることである。言い換えれば、甲派の意見が行われるのは、之と意見を異にする乙派が之を承認したに基づいて居る場合である。而《しか》して、私の謂うところの輿論又は公論は、後者の場合に属する。是《これ》が即ち輿論又は公論であろうと思うのである。尤《もっと》も此れは私のみが云うことでは無論ない。此のことに関する多少の研究をして私が尤もだと思うところの学説を参照して、私は斯《か》の如《く》く信ずるのである。即ち言換えれば、輿論又は公論というものは、甲派の意見の行われることが、乙派が其甲派の意見に拘束せらるべきものと自分で承認した結果であって、此処《こ》に《こ》真正の意味の輿論又は公論と云うものはあるのである。単に事実上の力によって、甲派の意見が行われて居ると云う時は、それは、其社会に於ける輿論又は公論と云うことは出来ないと思う。然れば、輿論又は公論の存立の基礎は、其の共同社会に於ける人類が、自分の意見とは違うけれども、兎《と》に角《かく》意見によって拘束せられなければならぬと云うことを承認する、拘束せらるべきものであると云う信念を持つことに在るのである。単に或意見が事実上の威力に依て行われると云うことのみでは、其の意見は決して輿論又は公論でない。斯の如く、乙派が甲派即ち他人の意見に拘束せらるべきものなりと承認すること、之を名づけて、私は社会的信念と云いたいのである。斯《か》く考えて来れば、次の事が明《あきらか》となる。古《いにしえ》の政治に於ては、政治家は、自己の個人的の信念に基づいて、共同生活の利益なりとするところのものに向って進んだのであるけれども、又《また》それで宜《よ》かったのであるけれども、現代の政治に於ては、政治家は、社会的信念と云うものを察せなければならない。即ち社会的信念が何処にあるか、社会的信念に於て、共同生活の利益なりと承認せられて居るところのものが何処にあるかと云うことを見て、それに基づいて行動すると云うことが、現代の政治家の任務である。

三

右述べた如き社会的信念、即ち他人の意見に拘束せらるべきことを承認すると云う事は、実に国家的秩序の基礎となるべきものであって、治安の分るる所は一に茲《ここ》に在る。例えば戦前の普魯西《プロシア》に於て、波蘭《ポーランド》人の如きは、決して自分の独立の意見を立てることは出来なかった。一般の政治問題に就ては勿論《もちろん》の事、自分達に関係のある政治問題に就てすら、普魯西《プロシア》人の意見によって支配せられて居た。然《しか》しながら、波蘭《ポーランド》人がそれに拘束せられて居るということは、只《ただ》事実上の力の関係であって、拘束せらるべきものなりと承認して、拘束せられて居るのではなかった。故に絶えず政治上の紛争が起ったのである。一国の政治は、社会的信念に基づいて行われる時、即ち真正の意味に於ける輿論又は公論が認められる時に於て、真正の安定を得るのである。

所《ところ》が輿論又は公論の問題に就て考えなければならぬことは、輿論又は公論と所謂《いわゆる》無頓着者との関係である。例えば、茲《ここ》に一つの政治問題があるとする。此の政治問題を輿論又は公論に依って決しようと云う場合に、始めから其の政治問題に就て無頓着の人がある。其等《それら》の人に向っては、輿論又は公論の問題は無意味である。何となれば、それは始めから輿論又は公論というものの成立の要件の外に置くべきものであるからである。輿論又は公論の何たるかは、其の問題に就て関係せんと欲する人の範囲内に於て見るべきものたることは言うまでもない。

斯《かく》の如く考え来《きた》れば、吾々は実に不思議なる現象を見るのである。それは、従来屢々《しばしば》輿論又は公論とは没交渉に出来て居ると説明せられて居るところの種々の制度の中で、実はそれが輿論又は公論に基づいて出来て居ると考うべきものが多々あることとである。其の著しい例は、独逸《ドイツ》の所謂《いわゆる》社会政策的立法の如きものである。之は何人も知る通り、ビスマルクが其の敏腕果断《かだん》に依って端緒を開いたものであるが、然しながらそれは決して彼が個人的に考えたものではない。無論《むろん》此のことを論断するが為には、いろいろの材料等を持って来なければならぬが、それは省いて、兎《と》に角《かく》ビスマルクは、其の時其の問題に就て意見を有する人々の意見を察して、之を決定したと考えられて居る。之が事実であるならば、之も吾々の謂うところろの一種の輿論又は公論に基づいた結果である。それから、此の場合特に申して置きたいのは、我が国の憲法である。一般の人は、我が国の憲法を、何等《なんら》国民の要求とか希望とかに基づいたものでなく、只《ただ》漫然と与えられたるものなるかの如くに説く。而《しか》してそれを以て我が憲法の誇《ほこり》であるかの如くに説く。之は誤れるの甚《はなは》だしきものと思う。何となれば、当時此の憲法の問題に就て、即ち日本の国家の政治の将来を如何にせんと云うことに就て頭を悩ましたところの人々、憲法問題に就て関係せんと欲したところの人々の意見が、其の当時に於て支配して居ったのである。而して其の当時に於ける此等《これら》の人々の意見が他の人間に対しても行われたのは、決して此等の人々が、暴力威力を持って行わしめたのでない。他の人々も之は是非そうあるべきものだと承認したのである。始めは多数の国民は無論そういう問題には無頓着であった。而して其等《それら》無頓着の人間は、始めから輿論又は公論の問題に入るべきものでない。関係せんと欲する人間に就て、始めて輿論又は公論の意味を決定すべきものである。然らば我が国の憲法の如きは、我が国の政体を如何にすべきかと云う、根本問題に就て関係せんと欲して居た人即ち其の意見を兎《と》に角《かく》持って居る人の間に於ける輿論又は公論であって、決して個人的信念と云うようなものに依って出来たものでない。此の点は、苟《いやし》くも、囚《とら》われずに、社会現象なり、政治現象なりを研究せんと欲する人の、明《あきらか》に注意しなければならぬことと思う。

要するに、輿論又は公論と云うものは、先《ま》ず其の問題に関係せず、始めから其の意見のない者は除外して考うべきものであると云うことは、注意せねばならぬ。而して其の関係せんと欲する者の間に、真正の意味の輿論又は公論と云うものがある。若《も》し我が国の憲法を唯《ただ》事実上の力に依って出来たものと解するならば、それは非常なる誤解であって、斯《かく》の如き解釈は、大に我が国憲法政治の発達を阻害するものであると確信する。

四

輿論又は公論の基礎であるところの社会的信念と云うことは、それで分ったが、さて然《しか》らば其の社会的信念なるものは、一体、何に基づいて成立するか、斯《こ》う云う点を少しく考えて見なければならない。一方に於ては、吾々に共同生活の意識と云うものがある。共同生活を意識して居るものである以上、其の共同生活を維持するが為には、調和と云うことの必要をも亦《また》感じて居るのである。而して、他方に於ては、吾々は、此の共同生活に於て、自己の個人的人格と云うものを意識して居る。然るに此の個人的人格の意識が、単に自己の人格のみの意識であるときは、決して社会的信念と云うものは起らない。然しながら、自己の人格を意識すると同時に、他人にも、其の人格の意識を許す、即ち他人の人格を尊重すると云うことが必要である。言い換えれば、自己の信念を重んずると同時に、他人の信念をも重んずる。此に於てか、私が前に云った、社会的信念と云うものは結局個人的信念の接触であると云うこと、個人的信念を相互に承認することに基づいて始めて生ずるものであることが、分るであろう。従って輿論又は公論と云うものも、結局個人的信念の意識に基づいたものでなければ、到底《とうてい》、真の意味の輿論又は公論は出て来るものではないということが分るであろうと思う。

それで、此の個人的信念を互に尊重すると云うことがあるものであるから、或問題に就て、信念の強大なるものの方が、信念の弱小なるものよりも、其の価値を承認せられる。例えば十の信念に基づいて出来た事柄は、四の信念に基づいて出来た事柄よりも価値を認めると云うことは、当然の結果になって来る。そこで、即ち輿論又は公論と云うものが出て来るのである。それで、吾々が輿論又は公論を認めるのに、自分の信念には反するけれども、自分が承認して居るところの、自分以外の信念の多数が集まって出て来た事柄の決定であるならば、自分の信念は別として、それに従わなければならぬと云うことを、認めることになるのである。

斯《か》くの如く信念と云うことを標準として考えると、輿論又は公論と云うものは、多数の意見であって、且《か》つ少数が之を承認して、支配すべきものと認めたのである。斯《こ》う云っても宜《よ》いのであるが、唯《ただ》此の多数少数ということは、決して人数に就ての多数少数ではない信念に就ての多数少数という意味である。

そこで、斯う考えて見ると、輿論又は公論の基礎と云うものは、其の問題の主体たるところの社会を構成して居る人間が、皆自分の全人格、真の人格、真の信念に基づいて、其の意見を発表し、又は行動して居ると云うことが前提である。然らずんば、実は輿論又は公論の成立する基礎がないことになるのである。然るに、人は先《ま》ず通常真の信念を以て行動し、又は其の意見を発表するものであると、斯《こ》う考えるより外《ほか》はないから、そこで、即ち、多数の信念なることは、結局多数人と云うことに考えざるを得ぬのである。従って、多数の信念が少数の信念に打勝つと云うことは、結局、事実の問題としては、多数人の意見が少数人の意見を支配すると云うことにしか考えられない。それ故に、多数人の意見が輿論又は公論であると云うことになるのであるけれども、其の真の基礎としては、決して人の数の問題でなく、信念の数の問題であると思う。併《しか》し兎《と》に角《かく》、信念の数と云うのは、人の数を離れては之を知り得ない。其の意味から、国家制度というものは、皆吾々を真面目な人間と見て居る。其の実質に於て、果して真面目か、不真面目か分らないが、兎に角吾々は自分の信念に依って行動し、意見を発表するものと見られて居る。処《ところ》が、往々にして事実は之に反するのである。そこでいろいろの現象を生ずる。即ち所謂《いわゆる》多数人の意見でも輿論又は公論でないと云う現象を見るのである。之はつまり、其の多数人が真の信念に基づいて意見を発表し又《また》行動して居ないから起るのである。此のことは通常の社会的の現象に就ては一層《いっそう》明に考えられる。例えば次の如きこともある。有名なるタルド〔ガブリエル・タルド（一八四三―一九〇四年）〕などが云うて居る通り、四十九人が甲という意見を主張する、五十一人が乙という意見を主張する、而《しか》して、四十九人の甲なる意見に対する信念が非常に強くて、五十一人の乙なる意見に対する信念が弱い時はどうか。其の場合には無論《むろん》言うまでもなく、少数人なる四十九人の信念の方が、多数人なる五十一人の信念よりも多数であると云うことになる。従って、多数人の意見ではあっても、五十一人の意見は輿論又は公論でないと云うことに実際考えられるのである。之は唯《ただ》考えらるるのみならず、事実上の現象として、吾々の屢々《しばしば》見るところである。それは即ち、道徳上の規則に就て、吾々のよく目にすることである。或道徳上の規則に就て、其の価値を認むる者が非常に少く、之を軽蔑して居るところの人間が多いと云うに拘《かか》わらず、尚《なお》其の道徳上の規則が、道徳として社会に行われて居ることが沢山ある。換言せば、殆《ほと》んどもう一般が、心の中では嗤《わら》って居るような規則であって、而して少数人がやかましくそれを維持せんとして居るところの規則に就て、普通人が少くとも其の規則を破ることを遠慮して居る場合が沢山あるであろうと思う。それは何故であるかと云うと、其の道徳に関する規則を維持せんとする者は少数であるけれども、少数者の信念が多数者の信念に打勝って居る為である。此の場合には其の道徳現象に就ては、我々の謂う意味に於ては少数者の意見が輿論又は公論である。斯《こ》う云う風に考えるより外はないだろうと思う。然《しか》しながら、此の如きことは社会現象の上で事実そういう風に行われるものとしては考えられるけれども、之より一歩を進めて国家的制度の上に於て如何なる制度を設くべきかと云うことになると、どうも甚《はなは》だ困難である。そこで、前に述べた通り、一人の信念を一箇の単位と認めて、之を考えるより仕様《しよう》がないから、多数人の決議、所謂《いわゆる》多数決と云うことが、現行の国家制度の基礎になって居る。多数の決した事柄であっても、それが心理的に、綿密に考えた意味に於けるところの輿論又は公論に該当するや否やと云うことは、場合に依ては疑わしいが、兎に角、現在の処では此の方法によるより仕様がない。人の行動、人の意見は、其の最も完全なる信念に基づいて表現せられるものであると考えるよりほかどうも仕様がない。其の以上は、国家の制度の如何ともしがたいものであるから、何処《どこ》を探しても少数者の決議によって、事柄を決すると云う制度はない。併《しか》し、成程《なるほど》積極的に輿論又は公論を構成せしむる上に、少数人の意見によると云うことはないが、此の点に就て緩和して居ると思われるのは消極的の場合である。即ち消極的に、少数人の意見に依って、多数人の意見に依るところの輿論又は公論の成立を妨げると云うことは、例のないことでもない。

例えば、独逸《ドイツ》帝国の憲法の如きはそうである。独逸《ドイツ》帝国の憲法に依れば其の憲法を変更する場合に就てはやはり普通の立法手続で宜《よ》いのではあるが、帝国議会に掛ける前に、先《ま》ず聯邦参事院で、それを研究しなければならぬこととなって居る。其の聯邦参事院に於て憲法の変更に関する決議をするに就ては、固《もと》より通常は多数決によるのであって、積極的には通常の場合に於ける如く信念に価値の相違を認めないのである。然しながら、聯邦参事院に於ける原案反対の数が十四票あるならば、いかに多数決にても其の案は成立たないと云うことになって居る。即ち是《これ》は、少数の意見を輿論又は公論の上に影響せしめて居るのである。唯《ただ》其の影響は、積極的に少数の意見に依って、輿論《よろん》又は公論を作成すると云うのではなく、消極的に、少数の投票に依って、輿論又は公論の作成を妨害すると云うことに在るのである。之は多数決に関する例としては先《ま》ず珍らしい例と云って宜《よ》い。多くの場合は、やはり多数決の意見が輿論又は公論であると云うことが、現行国家制度の基礎となって居るのである。

五

そこで、吾々は、今茲《ここ》に輿論又は公論を基礎として行わるる「現代の政治」の価値を論じようとするのではない。それが善いか悪いかと云うことを論じようとするのではない。が、唯《ただ》此の輿論又は公論を基礎とする制度の精神を発揚する方法を考えて見たいのである。元来輿論、公論の制度の価値に就ては二のことを分つの要がある。それは第一に輿論又は公論に依って事を決すると云う事柄の善い悪いと云う問題と、それから第二に、其の事柄は善いとしても、其の事柄を行うに就ての現行制度が満足すべきものであるかどうかと云う問題とある。両問題は之を区別して考えねばならぬ。此の二問題を混同する見解、言換えれば、現代の制度に不満足を感ずるの故に、輿論又は公論そのものを否認せんとするの見解は、浅薄たるを免れぬと思う。輿論又は公論に関する価値の問題は別として、兎《と》に角《かく》現今の政治の遣方《やりかた》が、今言った意味に於ける輿論又は公論を基礎として居ることは事実である。然しながら、此の制度が果して精神通りに行われて居るかどうかと考えて見るの要がある。即ち先《ま》ず制度の現実の状態を見ることは大に意味がある。現状を見るに当ては、矢張《やはり》理想的要求がなければ出来ない。何となれば、国家の制度と実際の現状とは、常に多少離れて居るものである。国家の制度は、或意味に於て、多少理想的のものであり、或は理想実現の手段であるからして、そこで、国家の制度は多くの場合は、精神の通り実現されずに残って居る。其の間に懸隔があるからして、此の所謂《いわゆる》現状が即ち制度の精神に適《かな》って居るか、完全に行われて居るかどうかということを見るのも、或意味に於ての理想的傾向だろうと思う。

此の意味に於て、私は、現代の制度と現状との間に多少の間隔を認めるのである。従って此の点に就て非常に不満足に感ずる場合が多いのである。それはどういう点かというに、制度論と、それから、吾々の個人的態度論と、此の二つに分って考えねばならぬ。

六

先ず制度論としては、「現代の政治」が、輿論又は公論に基づくと云う制度の精神を実現しようと思うならば、所謂《いわゆる》思想の自由と云うことをどうしても認めなければいかぬ、之が即ち前提である。始めに言った通り自己の信念と他人の信念との相互の両立を認め、相互の接触を基礎として、始めて社会的信念たるところの輿論又は公論が出来るのであるからして、国家を構成して居るところの吾々の中で、或問題に関係せんと欲するところの者は、何人と雖《いえども》、其の問題に就て、自由に意見を発表することが出来なければ、社会的信念の起る理由はどうしてもないのである。それであるからして、輿論又は公論を事実行うと云う為には、一見すれば、輿論又は公論には関係のないところの少数の意見の発表が、自由に、平穏に行われることを必要とするのである。少数者の意見は、輿論又は公論それ自身ではない。然《しか》しながら、輿論又は公論を、単純なる実際上の威力を離れて、真に権威あるものとして行わせるが為には、少数者の之を承認することが必要であるが、凡《およ》そ他人の意見を承認すると云うことは、其の承認を要求せられたるところの者が、自己も亦《また》其の問題に就て自己の意見を自由に発表し得ると云うことを前提として、始めて考えられるものであって、それは、我々の日常の生活関係に於て明《あきらか》に知るところである。然《さ》れば、思想の自由ということは、どうしても認めなければならぬ。そこで此の思想の自由を認めると云うことを、現行の諸国憲法は皆保障して居る。之は一にそういう必要から生じたものであろうと思う。此の憲法上認めてあるところの思想の自由と云うことを考えるに就ては、或は只《ただ》個人の立場からして、個人の人格の主張を認めてあるものだと云う風に説明することも出来るが然《しか》しながら、少くとも「現代の政治」の運用論としては其の個人的思想の自由と云うことが、やがて社会的信念の成立即ち健全なる輿論又は公論の成立つ前提であると云うような点を考える必要があろうと思うのである。それから、思想の自由ということに関聯して必要なのはなるべく其の思想を曲げざらしむるようにしなければならぬと云う点である。之も分り切ったことであるけれども此の見地よりして私がちょっと例として言って置きたいのは、選挙の問題である。近頃、専ら多数の識者階級に受けのよい議論として、棄権を罰すると云う見解がある。選挙権を拋《ほう》棄《き》して、選挙をしなかった人間を罰すると云うことが、かなり広く識者の議論として持《も》て囃《はや》されて居る。而《しかれど》も私は年来此の議論に反対して居る者である。どういう訳かと云うに、之は結局、輿論又は公論の根本であるところの信念というものを無視した見解であるからである。選挙と云うことは、輿論又は公論を知るの方法としてやって居るのである。目的は其処《そこ》に在る。而《しか》して選挙を無理にさせると云うのは、無信念なる行動を強《し》うるものである。之は根本に於て選挙の本質に反して居るのである。そこで、吾々の考では、選挙と云うものは、一方には、苟《いやしく》も政治問題に関係せんとするの意志があるならば、其の意思ある者は、何人でも之に関係し得るようにし、他方には、関係することを欲せざる者は関係することを欲せざる儘《まま》にして置く、即ち棄権を認むるのが其の本質であろうと思う。然しながら、棄権がよいと云うのではない。よいとは云わないが、棄権が悪いと云うことを言うのは、それは政治道徳上の議論である。国家の制度として罰すべきものではない。故に私はまだ外《ほか》にも理由を持っているが、只《ただ》之だけの理由を以ても、棄権を罰すると云う議論の採るべからざるを信ずるのである。

　制度論は、之だけとして、次は、個人の態度という問題を論じて見たい。私は思う。制度はいかに完全にしても、個人の態度というものに就て、輿論又は公論の基礎であるところの信念という問題を閑却《かんきゃく》するならば、到底《とうてい》輿論又は公論政治は行われるものでない。之に就てちょっと言って置きたいのは、前にも述べたが、自己の信念を重んずると共に他人の信念をも尊重すること、此の点である。現代に於ける我が国の社会現象、殊に政治現象に於て、吾々の最も不愉快を感ずるのは、政客の政敵に対する態度である。公の問題に就て、自他の意見が違えば、直ちにそれを以て私の敵と考える傾きがある。之は結局他人の信念を尊重せざる結果であって、斯《かく》の如き態度が持続する間は、到底真正の意味の輿論又は公論が出来る訳はないと思う。而《しか》して他方に於ては、之と同じ根本的見地に於て、自己の信念を軽んずると云う態度がある。自己の信念を軽んずることに就て、只《ただ》一つ言って置きたいのは、我が国の古来の思想として沈黙を以て高しとする思想があるように思われる。輿論又は公論が、個人的信念の接触に基づいて、社会的信念を作ると云うに在る以上は、苟《いやし》くも或問題に就て信念を持って居る者は、遠慮なく発表するところあらねばならぬ。発表せずして、信念と信念の接触のあり得る理由はない。然《しか》るに、我が国に於ては、所謂《いわゆる》君子とか、其他《その》偉い人というのは、或問題に就て、超然として意見を発表せざることを以て高しとする人である。敢て私は其の人を責めるのではない。唯《ただ》社会がそういう風に見て居るのは甚《はなは》だ宜《よろ》しくないと云うことを言いたい。固《もと》より、始めからそういう問題に無関心なる人は、始めに言った通り別である。それは問題でないが、事実に於ては、可なりの意見を持って煩悶して居ったりしながら敢て其の信念を発表しないことを以て良しとする傾きがあるように見える。尤《もっと》も之は、私共の書斎から見た観察ではあるけれども若《も》し此の観察が当って居るならば、斯様《かよう》な態度や思想がやがては輿論又は公論政治の健全なる発達を妨害するの理由になると思うのである。

以上は、私が「現代の政治」を其の基礎たるところの輿論又は公論と云うものに依って説明し、それが、現今多数の人の考えて居るが如く、個人的信念に無関係のものでは決してないのみならず、却《かえ》って、大に深い関係を有するものであると云うことを、多少学究的に論じた次第である。

（大正七年二月）

一票の投げ所

一　要は深い人情に在る

希臘《ギリシヤ》の詩人アリストファネスが、其の嫌いなデマゴーグの標本クレオンを攻撃するが為に、書いたと云う戯曲『騎士』の筋書の一節を、私は或書物で読んだことがある。それは選挙人と候補者との問答である。第一の候補者は選挙人に酒を振るもうて、「此の酒をきこしめせ」と云う。選挙人は酒を飲んで「良い酒だ」と云う。第二の候補者は選挙人に菓子をすすめて、「此の菓子をめしあがれ」と云う。選挙人は菓子を食って「良い菓子だ」と云う。選挙人は酒も欲しいし菓子も欲しい。そこで、選挙人は、候補者の優劣に依るよりも、寧《むし》ろ饗応振《ぶり》の優劣に依って、選挙を定めようと思い、暫《しばら》くの間は、故《ことさ》らに態度を曖昧にして、候補者双方から饗応を受けて引張ったと云う。酒を飲みたいのも人情であろう。菓子を食いたいのも人情であろう。又《また》酒や菓子を饗応してまで選挙せられたいのも人情であろう。併《しか》しそれは浅い目前の人情である。希臘《ギリシヤ》の人民が政治上の徳義を忘れて、呑気《のんき》に饗応したり饗応されたりして居る間に、希臘《ギリシヤ》の国家は一歩一歩衰退に近づきつつあったのである。何人《なんぴと》も自分の国家の衰退を喜ぶものはない。国家の衰退を嫌うのが当然の人情だ。尤《もっと》もそれは深い永遠の人情である。こう考えると、政治上の徳義を忘れて国家の衰退を促すような行動を敢てするのは、畢竟浅い目前の人情に就《つい》て、深い永遠の人情を捨てることに外《ほか》ならぬ。私は、獅子が子を千仭《せんじん》の谿底《たにぞこ》に蹴落《けおと》すと云う人情を、政治現象に就ても味《あじわ》って見たいと思う。之は結局、公私の区別及び其の関係と云う問題に帰着するのだが、私は今そんなむつかしい議論をすることを避ける。元来、「公と私と別ありて而《しか》も一に帰す。常に公に殉ずべし。而《しかれど》も公に殉ずるは、やがて私を益するなり」と云うのが、私の持論であって、之には別に詳細な説明を要するが、併《しか》し結局は茲《ここ》に浅い人情と深い人情と云うのと同じ趣旨に外ならぬ。

此度《このたび》の総選挙は、例になく一般の世人の注意を惹いて居る。其の第一の理由は、謂うまでもなく、解散後の総選挙であるから競争が激しいと云う点に在るが、其の第二の理由は選挙界の廓清《かくせい》を要求すると云う点に在る。今や我国は内外多事で、政策上の大方針に就て考究を要すること大である。総選挙は吾々国民が間接に国家政策の大方針を決するの手段であるから総選挙の結果如何は国家の政策に重大の影響を及ぼすものである。即ち此度の総選挙を其の結果如何と云う実質的の立場から、注意するのは重要のことに違いない。併し、私がそれよりも一層重要であると思うのは此度の総選挙を、選挙の方法如何と云う形式上の立場から注意することである。何故かと云うに、私の考では、元来立憲政治は結果の如何よりも、手段如何を重く視る所の政治である。それであるから、良い結果を得るにしても、之を得る所の手段が立憲的でないならば、それは、立憲的手段で悪い結果を得るに若《し》かないと云わねばならぬ。そこで、私は、選挙の結果、良い代議士が出ることを切望するが、それよりも前に、選挙の方法を良くしたいと思う。或特定の候補者が代議士たるに適するか否かと云うことに就ては、人各《おのおの》其の観る所を異にする処であろう。併《しか》し如何なる選挙の方法が立憲的であるかと云う問題は、何もむつかしいことではない。多少思慮ある者に取ては自明のことである。所《ところ》が、此の自明のことが実際に行われて居ない。それは何故であろうか。私の考では、それは、多くの人が、浅い人情に富んで深い人情に乏しい為だと思う。それ故に、目下の状況では、天下の識者は、選挙人に、誰を選挙すべきかと云うことよりも、寧《むし》ろ如何なる方法で選挙すべきかと云うことを教えねばならぬ。これが、先決問題として急務である。

二　政見か人物か

選挙に方《あた》りて、先《ま》ず第一着に、何を標準として、候補者の適否を定むべきかと云う問題に遭遇する。之を目下世間で用いて居る語で示せば、政見本位か又は人物本位かと云うことと為る。所が精密に考えると、或人物の良否は其の意見の良否を全く度外視しては定まるものでない。意見の良否と人物の良否とは、全然同一の問題ではないが、併し、意見の良否も人物の良否を定むる幾多の標準中の一に数うべきものだと思う。然《しか》るに目下世間での通用語の意味では、意見の良否を、全く人物の良否の標準の外に置いて居るようであるから、茲《ここ》には、姑《しば》らく其の意味に従って、政見本位、人物本位と云う語を用いて置く。

政見本位か人物本位かと云う問に対しては、私は、政見本位と答うるに躊躇しない。それは、選挙と云うものの意味を考えると直《す》ぐ分る。一体選挙は何の為に之を行うものであるか。之を明《あきらか》にするには、もう少し溯って立憲政治の意味如何と考えねばならぬ。立憲政治は国民自ら参与する政治である。即ち国民が自分の意見を以て其の方針を定める政治である。併《しか》し、国民が総《すべ》て直接に国政に参与することは不可能であるから、代議士を選挙する。但《ただし》茲に国民が代議士を選挙するは、国民が代議士に依って自己の意見を行わんが為である。国民が代議士に依て自己の意見を行うと云うは、必ずしも国民が初めから直接に独立の政治上の意見を有《も》って居る場合のみを云うのではない。他人の政治上の意見を聴いた上で、其の意見を自分の判断に依て是非して、自分が善いと信ずる所に従うのも、亦《また》同じく自己の意見を行うのである。それ故に、選挙に方《あた》りては、選挙人は先《ま》ず候補者の意見を聴かねばならぬ。選挙人に本来独立の意見があるならば、候補者の意見が本来の自分の意見に合致して居るときに之を選挙すべきものである。又《また》選挙人に本来独立の意見がないならば、候補者の意見を聴いた上で、自分の判断に依って候補者の意見を是と信じたときに之を選挙すべきものである。何《いず》れにしても候補者を選挙する標準は、一に政見本位であると云わねばならぬ。そこで、之に関連して茲に一つ是非とも吾々国民が知らねばならぬことがある。それは、選挙人が候補者の政見に依って之を決すと云うと、皮相には他人の政見を標準として居るようであるが、其の実他人の政見ではなくて、それが自分の政見であると云うことである。之は前に説明した選挙の意味から当然に生ずることであるが、不幸にして此のことが、現今国民一般の考にないように思われる。

然《しか》るに、世間では、私の考とは反対に、屢《しばしば》人物本位と云う言葉を聞く。立憲政治に於ける選挙に際して政見を度外に置きて人物の適否を見ることが果して出来るであろうか、私は根本的に之を疑うのである。私は時々甲の政見には賛成しないが、併《しか》し甲の人物が善いから甲に賛成すると云う言葉を聞いた。此の人物本位と云う言葉は、果して、情実に依る非立憲的態度を飾るの口実に濫用せらるることはないであろうか。私は実に之を憂うるのである。

三　政見は明瞭を要す

既に政見本位だとすると、選挙人は候補者の政見を知らねばならぬ。本来の性質から云うならば、選挙人の方から進んで、候補者の政見を知るの手段を講ずべきものだ。選挙人が自ら或は個人的に或は他人と共同的に候補者の意見を聴くの機会を作るべきものだ。其の費用の如きも選挙人自ら負担すべきものである。所《ところ》が世間は一般に然《そ》う思って居らぬ。そこで、候補者の方から政見を一般に知らすようにつとめるの必要がある。選挙人の方から聴こうと迫るべきものを候補者の方から聴いて下さいと頼んで始めて聴くの現状は、理想的ではないが、それにしても政見を聴くと云う風潮は喜ぶべきことである。

候補者の政見は明瞭を要する。曖昧を許さぬ。現今の如き政党時代では、候補者が政見を明瞭にするの第一歩は、其の政党の所属関係を明《あきらか》にすることである。故に候補者たるものは、後に説明する特別の理由なき限《かぎり》は、少くとも、其の政党の所属関係を明にして置かねばならぬ。所謂《いわゆる》中立、無所属と云うが如きことは、一般には賛成すべきものでない。中立、無所属を許すべき場合はザット三つある。其の第一は一般に政党と云うものに反対する場合である。立憲政治の上に於て政党のあることを不都合と考うる者が中立、無所属たるべきは已《や》むを得ない。其の第二は一般に政党と云うものを許すも、現今の政党を不可とする場合である。これは、往々卑怯者の口実となるの恐《おそれ》のあることではあるが、併《しか》し若《も》し真実そうであるならば、許さねばなるまい。其の第三は、一般政党と云うものに不賛成でもなく、又現今の政党に不賛成でもないが、唯《ただ》其の候補者の地位の関係、例えば特殊の官吏であるの関係で、国家の制度上政党に入ることが出来ない場合である。是《こ》れ又已むを得ぬ。此等《これら》の場合に中立、無所属と云うことに意味がある。併し若し唯《ただ》立候補の便宜上政党に入るのは不得策であると云うので、中立、無所属と名乗るものがあるならば、啻《ただ》に、そのこと自身が卑怯であるのみでなく、非常に弊害を生ずる所以《ゆえん》だと思う。現今の政党に入ることを不得策とする人に付ても二つの種類が考えられる。或は漫然と現今の政党が不人気であると云うので、――例えば政友会がどうも人気が悪いとする。此の人気の悪いと云うことは、或は日本全体で一般に人気が悪いと云うこともあろうし、又《また》候補者の地盤たる地方に於て人気が悪いと云うこともあろうが——兎《と》に角《かく》人気が悪いと云うので、之を避けるような場合もある。或は又、事情があって、其の政党の政策を明《あきらか》に標榜することを避けたいと云うような場合もある。それには、商売の関係もあろうし、地方的関係もあろう。斯様《かよう》な意味に於て中立、無所属を標榜するものは、自分の都合で、西へ東へと吹かれて行く。他日或《ある》問題が起った時に、相対立して居る所の両党の争奪の目的となるものは、第一にかかる中立、無所属の議員であろう。そこで、中立、無所属と云うことは或る意味では買収と云う弊害の根源と云うてよい。こう云う意味の中立、無所属は、極力排斥せねばならぬ。

殊に注意したいのは、中立と云う言葉に対する世間の誤解である。元来中立とは、政党政派に対する関係であって、政治主義に対する関係ではない。唯、甲党、乙党と云う特別の団体に属して居ないから、甲党、乙党としての意見と自分の意見と無関係であると云うに過ぎぬ。各個の政治問題に就てはそれぞれ明瞭なる意見を持たなければならない。各箇の政治主義に対して中立とか無所属とか云うことはあり得べきものでない。中立であるから意見がない又は意見が模稜《もりょう》であると云う理由はない、例えば現今の実際問題に就いて言うと、無所属だろうが、中立だろうが、軍備方針や財政方針に関して一定の見解がなくてはならぬ。無所属である、中立であると云う故を以て、現に政府の採って居る方針に対して明瞭な批評をしないと云うことは許されない。

以上の見地からして、私は選挙界目下の状勢に満足するを得ない。選挙運動の方法としては言論を尊重せねばならぬが、併《しか》し言論でさえあれば、何でもよいと云うのではない、其の言論が主として政見に関するものでなくてはならぬ。目下選挙界では言論戦が熾《さかん》である。勿《もち》論《ろん》、之は従来に比しては、一見進歩の観があろう。併し、其の言論の内容を見ると、主として候補者の個人的価値に関するものが多いように察せられる。「政見はとにかく、天下の人物だから、代議士たるに適する」と云うような言論は、成程《なるほど》俗耳には入り易かろう。併しそれは、立憲政治の立場から見ると、鬼面人を嚇《おど》すものと何の選ぶ所があろうぞ。選挙運動が言論に依らねばならぬと云うのは、決して唯《ただ》、叩頭《こうとう》や戸別訪問をやめて、口舌や文書を用いよと云うのではない。言論が意見の発表であるからだ。政見と没交渉に、同情を求むるのは、それが、口舌や文書に依ってせられても、叩頭や戸別訪問に依てせられても、何の差もない。若《も》し差があるとせば、それは唯、演説が上手とか文章が上手とか云うことを示すに過ぎぬ。演説の上手はよい、文章の上手も望ましい。併しそれは第二義だ。第一義は意見其のものに在る。私は、此の点に就て、切に世人の一考を煩わしたい。

四　政見の合する程度

叙述の複雑を避くるが為に、今まで、漠然と政見本位と云う言葉を用いて置いたが、今其の意味を精密に説明せねばならぬ。代議士候補者の適否を定むるの標準としては、其の政見は国家問題に関する政見である。地方問題に関する政見であってはならぬ。議会は地方問題を討議するものではない。尤《もっと》も議会でも時に地方問題を論究することがあるが、併《しか》しそれは其の問題が最早《もはや》単に地方問題でなくて、国家の問題となって居る場合である。議会は、地方問題を地方問題として研究すべきものではない。それ故に候補者の政見も亦《また》国家問題に関する政見でなければならぬ。選挙人の方から云うと、国家問題に関する候補者の政見を標準として選挙を定めねばならぬ。地方問題に依って動いてはならぬ。

右の意味での政見が、候補者と選挙人との間に合したときの選挙が、真正の選挙である。政見の合すると云うの意味は、前に詳論した。

然《しか》るに候補者及び選挙人の意見が一から十まで悉《ことごと》く合することは殆《ほとん》ど不可能に近い。そこで、如何なる程度まで意見が合すればよいかと云う問題が起って来る。之は、先《ま》ず一般の総選挙の場合と、解散後の総選挙の場合とを分って考えねばならぬ。

一般の総選挙の場合には特に是非を決定せねばならぬと云う問題が限定せられて居ない。併し、或時代時代に於て、それぞれ国家の重要なる政治問題は、社会に発生して居るものである。政治問題が社会に発生して居ると云うのは、必ずしも社会一般に其の問題を論議して居ると云うのではない。政治問題とすべき現象があると云うことである。その政治問題中の重要なるものに付て、意見が合せねばならぬ。又、之に付て意見が合すればそれでよい。他の小問題に付てまでも意見の合するのは、望ましいことではあるが、それが必要であるとは云えぬ。尤《もっと》も人は如何なる問題が重要であるかが分らぬと云うかも知れぬ。併《しか》しそんなことを機械的に定めることは出来ない。其の時代時代に於て、自然に問題の価値が分れて来るものである。

然《しか》るに解散後の総選挙の場合には、是非を決定せねばならぬ問題が、明《あきらか》に示されて居ると云うことに注意せねばならぬ。衆議院の解散は、或る具体的の問題に就て、政府の意見と衆議院の多数党の意見と相容れない結果、之を解散して国民の意見を諮《はかろ》うと云う立憲的意味を有《も》って居る。それ故に解散前の議院に於て争われた問題中、解散の理由と認むべき主なる問題に就ては、候補者は明瞭に自己の意見を発表せねばならぬ。選挙人も此の問題に就ては自己の意見を定めねばならぬ。現在の総選挙に就て言えば、一般世人も知るが如く、解散の理由と認むべき問題に、増師問題及び財政問題の二つがある。此の問題に就て、政府と衆議院の多数党との意見の衝突を来《きた》し、遂《つい》に其の解散を見たのであるから、候補者たるものは少くとも此の二つの問題に就ては其の意見を発表せねばならぬ。我が帝国が今師団増設を為すを可とするや否やと云うこと、並《ならびに》我が帝国が今非募債《ひぼさい》主義を採るを可とするや否やと云うことに就ては、候補者は勿論《もちろん》自己の意見を明瞭に発表し、又《また》選挙人も候補者の意見を聴き正して見た上で一票を投ずると否とを決定せねばならぬ。然るに私が注意して居る範囲に於ては、目下候補者の言論中問題に触れないものがある。之は解散後の総選挙の意味を忘れたものではあるまいか。若《も》し、或は国民の人気如何を気遣って此等《これら》の問題に触れることを避けるようならば、其の人は本来代議士など云う柄の人ではない。例えば「大隈伯は偉い。だから大隈内閣を援《たす》ける」、「政友会は有力な政党だ。だから之に入った」と云うのと、「大隈伯の増師方針に賛成する。だから大隈内閣を援ける」、「政友会の募債主義に賛成する。だから、政友会に入った」と云うのとは、其の意味が全く異《ちが》う。故に、選挙人の側から云うと、候補者の意見其のものを見るがよい。「大隈党だ」、「政友会だ」と云うのは、候補者自身の便宜に依って決せらるることがあるかも知れぬ。選挙人は更に「何故に、大隈党か政友会か」と問うがよい。

五　同じ政見ならば人物

政見本位と云うても、更に人物如何を見ねばならぬことがある。同じ政見を有する候補者が数人あるときには、どうしても其の人物を見て投票せねばならぬ。同じ政見だから誰でもよいと云う訳ではない。此のことは、此の頃新聞紙上で同士討と称せられて居る場合に当嵌《あては》まると思う。現今諸種の報道に拠れば、地方に依っては政府党或は非政府党として同時に数人候補に立って居るのを見受けるが、此の場合には選挙人は自己と同じ政見を持って居る候補者の中で、如何なる者に投票すべきかと云うに、固《もと》より之は人物に依るより外《ほか》はない。

所《ところ》が、元来人物と云うのは漠然たる観念であって、人物の標準如何と云う問題になる。色々議論も出るであろうが、私は、之を、品性と手腕との二つに分けて見たい。即ち品性の高下と手腕の優劣とを標準として決したならば宜《よ》かろうと思う。

第一に品性の高下、之もむつかしい問題だ。併《しか》し先《ま》ず根本観念として茲《ここ》に注意すべきは、選挙の問題は公の主義に関する問題だと云うことである。従って、選挙に関して品性の高下と云うことを云うならば、主として公の主義を実現すると云う立場から観て、之を決定せねばならぬ。此の見地よりすれば、私は候補者各自が自己の主張して居る所の主義に忠実であって、且《かつ》代議士に当選した後に、公の職務を自分個人の利益の為に利用するが如き考を持たない人を第一に推したい。こう云う人を選挙の点から観た品性の高い人と云いたい。彼《か》の通俗に言う所の品行方正とか温厚篤実とか云うことは固より大切なことで、無論《むろん》一般の人物論の標準となる。然《しか》しながら如何に品行方正で温厚篤実な人であっても其の主義に忠実でなく又は公職を私利に利用するものは、公人としては不適当である。酒を飲まず穏《おと》なしいが、買収せられて其の意見を二三にすると云うような人と、酒を飲み多少乱暴もするが其の信ずる所の主義に忠実である人とを比べるならば——一般の人物論ではなく、選挙の標準としての人物論として——私は後の方の人を採らねばならぬと思う。此の点は、或は世間普通の人の考とは違って居るかも知れぬが、私は公の問題に就ては斯《か》く考うべきものだと信ずる。

第二の標準は手腕の優劣である。同じ意見を有《も》ち、同じ品性を持って居ても、其の意見を実行する所の力が足らなかったならば、即ち手腕がないものと言わねばならぬ。併《しか》し茲《ここ》に手腕と云うのは、通俗に云う所の「腕のある」、「遣《や》り手」と云う意味ではない。純粋の意味に於て実行力と云うに外《ほか》ならぬ。それで、手腕の要素として私は熱誠《ねっせい》と学識との二つを挙げたい。第一に、熱誠があると云うことは、政治家として最も必要なことである。如何に立派な意見を有ち、又《また》如何に品性が高くても、其の意見を実現しようと云う熱誠がない人は、代議士としては適当でない。熱誠のある所即ち活動力が生ずるのであるから、此の熱誠に伴うて純粋の意味に於ける実行力即ち手腕が出来る。熱誠ほど人を動かすものはない。殆《ほとん》ど総《すべ》ての革新運動は、最初は少数の者の熱誠に基《もと》づくと云うてよい。第二は学識である。現今の代議士として一定の程度の学識を要することは云うまでもない。学識がなくては、問題の起った場合に自分の行動を定めることが出来ないから実行力を欠くのである。併し茲《ここ》に学識と云うても、勿論、決して或学校を卒業したと云う形式を指すものではない。又私は特に一定の程度の学識と云う。元来政治は専門的技術ではないから、政治上の判断を為すに足るだけの学識さえあればよいのである。それ以上の学識があるに越すことはないが、必ずしも之を必要とは思わぬ。特に政治学や憲法や行政法や財政経済学を専攻した者が単にそれが為に、代議士に適すると思うと、それは大なる誤である。医者でも技師でも商人でも代議士たるに必要な学識を備えることが出来るし、又そういう人は沢山ある。それで一定の程度の学識は是非《ぜひ》共《とも》必要であって、従って熱誠と併《あわ》せ存せねばならぬが、其の程度以上の学識と熱誠との間には価値の差異がつく。私が特にこう云うのは、少しく考うる所あるからである。私の考に依ると、実際的政治家たるに必要な手腕の要素としては、一定の程度以上の学識と熱誠との中で、寧《むし》ろ熱誠を択《えら》ぶべきものである。如何に学識のある博士、学士でも、善と信ずる政見を飽《あ》くまでも実現させたいと云う熱誠を持たぬならば、少しも之に実行力が伴わない。一定の程度の学識ある者の中では、寧ろ、学識に於ては劣って居ても、熱誠に於て優って居る人を選ぶ方が宜《よ》い。若《も》し、熱誠があって、そして一定の程度以上の学識があるならば、勿論《もちろん》それは錦上華《はな》を添えるものである。

六　国民自ら責めよ

形は他人の事のように見えて、実は自分の事である場合が、世の中に多い。選挙は正《まさ》しくそれである。国民は近来代議士の腐敗を罵《ののし》り、又《また》目下候補者の下劣を嘲《あざけ》ること甚《はなは》だしい。代議士の腐敗も候補者の下劣も事実であろう。併《しか》し翻《ひるがえ》って考うれば、代議士の腐敗は、実は之を代議士たらしめた国民の腐敗に基《もとづ》くことが多い。又下劣な者が敢て候補者に立つのは、従来国民が下劣なものをも選挙し来《きた》ったからである。それ故に吾々国民は徒《いたず》らに代議士の腐敗や候補者の下劣のみを責むべきではなく、寧ろ自らを責むべきである。所《ところ》が、此の考は、未だ吾々国民の間に徹底して行渡って居ない。私は、現今我が国民は一般に他を責めて自分を責めないと云う風がありはしまいかと考える。そして、之が立憲政治の実現せられない根本の理由だと思う。国民が代議士を選定するのであるから、代議士の腐敗は国民が其の選定を誤った結果である。然《しか》らば、之に就ては、国民自ら責任を有《も》って居ること、云うまでもない。

よく考えると、候補者は弱いものである。其の当選するや否やが一に選挙人の意思に繋がって居る。之を形容的に云うと選挙人は候補者に対して一種の権力を持って居るものである。元来権力は悪用せられ易い。古人も曰《い》った通り権力は腐敗の原因である。候補者に対して一種の権力を有って居る所の選挙人に、此の強味を悪用して自己の便宜を計るの意志があるから、之に乗じて下劣な者も候補者となり、従って不適任な代議士が出来る。斯《か》く考え来れば、候補者の下劣も、代議士の腐敗も、其の責寧《むし》ろ主として選挙人の方に在る。之を悟らずして徒《いたず》らに候補者の下劣を笑うのは、畢竟天に唾するに外《ほか》ならぬ。それ故に、候補者の顔《かお》触《ぶれ》を良くするが為には、先《ま》ず選挙人自ら覚醒せねばならぬ。そこで、前に述べた候補者の優劣の問題と共に、選挙人の覚悟の問題が起るのである。

七　利益にくらむ勿《なか》れ

自分の個人的利益に依って動かされぬこと、之が選挙人の持つべき覚悟である。選挙人に此の覚悟のない間は、選挙界廓清《かくせい》の見込がない。而《しか》して選挙人の個人的利益に、物質上の利益のみでなく、感情上の利益があることを注意せねばならぬ。

第一に、物質上の利益の中にも、直接に選挙人の利益となるものと、間接に選挙人の利益となるものとの別がある。

選挙人は屢《しばしば》直接に自分の利益となるものに依って動かさるるが、其の不正であること勿《もち》論《ろん》である。其の利益の種類は多い。例えば、商売上の便宜とか、或地位を得るの希望とかもそれであるが、併《しか》し通常は金銭のようである。選挙に際して金力が重んぜられ、所謂《いわゆる》廓清の声の高い今度の選挙界に於ても尚《なお》、金力が決定力を有《も》って居るように云われて居るのは嘆息せざるを得ない。尤《もっと》も金力が選挙と云うものを左右するのは、昔からのことである。今特に面白い一例を示せば、彼《か》の日耳曼《ゲルマン》皇帝の地位が七人の選挙侯の選挙に依って定められて居た時代に、フランシス一世〔フランソワ一世（在位一五一五―四七年）〕とチャーレス五世〔カール五世（在位一五一九―五六年）〕とが日耳曼《ゲルマン》皇帝の地位を争って大に黄金をまきちらした。選挙侯は昨日は甲に売り今日は乙に売ると云うが如き態度を執《と》った。遂《つい》にチャーレス五世の勝に帰したが、チャーレス五世は之が為に実に三十万クラウンの金を費《つか》ったと伝えられて居る。代議士の選挙に就て見るに、所謂《いわゆる》先進国たる英吉利《イギリス》や仏蘭西《フランス》や独逸《ドイツ》に於ても、曾《かつ》ては随分《ずいぶん》金力が勝を制したと思わる。それは彼《か》の国の人々が書物に示して居る二三の極端の事例に徴して察せらる。併《しか》し何人も、選挙人が選挙に就《つい》て金銭を得るの悪いと云うことを思って居るから、くどくどしく云うを要せぬ。唯《ただ》それが何故悪いかと云うことに就て一言したい。世人は多くはそれが法律に触れて犯罪となるから悪いのだと云うであろう。それに違いないが、併しも少し根本的に考えて見ねばならぬ。前にも述べた如く選挙人は候補者に対して一種の強みを有《も》って居る。選挙人が候補者から金銭を得るのは、畢竟右の強味に乗ずるのだ。そうすると、拾円で買収せられるのは、実は拾円を強奪するのである。少くとも選挙人はこう考えねばならぬ。

　間接に選挙人の利益となるものに依って誘われるのも亦《また》同じく不正である。候補者は屢《しばしば》選挙人の属する或階級全般又《また》は同業者全般の利益を計ること、選挙人の居住せる地方の利益を計ること等を以て選挙人の心を収攬《しゅうらん》しようとする。候補者が、鉄道の敷設や、道路の開鑿《かいさく》や、甚《はなはだ》しきに至っては大学其の他の公の設備を其の地方に置くと云うが如きことを以て、選挙人を誘うことは珍らしくない。誘うものの不徳義は勿論《もちろん》だが誘わるるものも亦少くとも同様に不徳義である。其の利益が直接に自分のみの利益でなく、他の者との共同の利益であると云うことは、少しも之が弁護の理由となるものではない。

第二に、選挙人が感情上の利益に依って動かされるのも、亦均《ひと》しく不正である。感情上の利益とは感情の満足を得ることを謂う。決して、単に物質上の利益に依って動かさるること のみが不正であるのではない。感情の満足を得ることに依って動かさるるのも、均しく、自分の個人的利益を以て選挙を左右するもので、従って不正である。其の感情は種々で或は親戚関係に基《もとづ》く感情、或は友誼《ゆうぎ》関係に基く感情、或は此等《これら》以外の単純なる感情もあろう。選挙人が、親戚関係、友誼関係、其の他単純なる感情に依って動かさるるのは、皆自分の個人的利益に支配せらるるものと言って宜《よ》い。立憲政治の見地より見ると、それは、金銭や地方的利益等に依って動かさるるのと、少しも異らぬのである。併《しか》し世人は一般に此の理を閑却《かんきゃく》して居るのではあるまいか。「政見はとにかく、拾円呉《く》れたから投票する」と云うのを責めて、「政見はとにかく旧師だから投票する」と云うのを責めないのは、非常に間違ったことと、私は思う。選挙の精神に背くの点を云えば、右の両者共に同罪であらねばならぬ。

親戚関係に依って、候補者の適否如何に関係なく、選挙を左右することが、不正であると云うの理は何人も異論あるまい。

次は友誼関係であるが、之に付ては余程《よほど》世間の誤解があると思う。茲《ここ》に友誼関係とは極めて広い意味であって、彼《か》の師弟間、友人間、同僚間、主人雇人間、崇拝者被崇拝者間等の情《じょう》誼《ぎ》一切を含む。人は友誼に厚くなくてはならぬ。併しそれは選挙とは何の関係もない。恩師であるから又はあったからと云うので、単に其の理由で候補者を選挙し、又同窓生であるからと云うので、単に其の理由で候補者を選挙することは誤である。所謂《いわゆる》崇拝とか私淑《ししゅく》など云う関係も亦《また》同じだ。大隈伯が老来《ろうらい》益々壮《さかん》に国事に奔走するのを尊敬するはよい。併《しか》し単にそれが為に、政治上大隈党となると云うならば、無意味である。木堂氏〔犬養毅〕が敢て権勢に走らず冷然として台閣《たいかく》をにらむの高風《こうふう》を欣慕《きんぼ》するはよい。併し単にそれが為に、政治上木堂《ぼくどう》氏の指揮に従うと云うならば、無意味である。友誼と政治とは全く別物である。選挙に方《あた》って友誼関係に依て動かさるるのは、立憲政治の上から云えば、物質上の利益に依て動かさるるのと少しも逕庭《けいてい》がない。同じく適当な候補者数人ある場合に、選挙人が友誼のあるものを選挙するのは妨げないのみならず、当然である。併し候補者として適否如何に論なく、単に友誼のあるものを選挙すると云うことは、避けねばならぬ。世人多くは、選挙人が拾円で買収せらるることを熱罵《ねつば》するにも拘《かかわ》らず、友誼に依って買収せらるることを意とせぬ。啻《ただ》に意とせぬばかりではなく、往々之に師弟の情とか友人の情とか云う美名を与える。私の考では、選挙人が個人的利益に依って動くの点は両者共《とも》同一だと思う。唯、一は利益が物質上のものだから品が悪いに反し、他は利益が感情上のものだから品が良いばかりである。いずれも利益で選挙を左右するものではあるまいか。且《かつ》右のような場合に所謂《いわゆる》友情は、よく考えると、多くは真味の友情ではない。

最後に、以上の外《ほか》に単純なる感情がある。憎悪の念、低級の同情の如きものである。私の、真面目な一友が曾《かつ》て、私に、某候補者の意見は良いようであるが、併しあの候補者は何となく嫌いだ、と言ったことがある。之は正直な告白だ。そして同様の感を為すものが他にも沢山あろうと思う。併《しか》しこう云う感じで選挙を左右してはならぬことは右の友人自らも認めた如く、勿論《もちろん》である。其の嫌いと云う感じを起す理由は色々あろうが、顔が無愛嬌だとか、頭が高いとか云うようなことで左右せらるるのは、極めて笑うべきことである。又、候補者が貧乏だと云うので同情し繊弱《かよわ》い婦人子供が運動すると云うので気の毒がるは妨げない。のみならず、そうでなければならぬ。併し、之に同情し、之を気の毒がるの手段は選挙以外にある。

選挙人が、右に述べた一切の利益の打算から離れて、選挙をするのでなくては、到底《とうてい》選挙界の廓清《かくせい》は出来ない。特に友誼に依って左右せられてはならぬと云う点に注意せねばならぬ。このことは決して友誼其のものを軽視するのではない。此の私の主張は、或は現今我が国一般の俗見と合せぬかも知れぬから、誤解を避くる為に更に左の一言を附加して置きたい。

友誼に富むのは実に吾々人類の美点であって、吾々は常に之を期せねばならぬ。然《しか》しながら友誼は本《もと》と深刻を貴んで、皮相を卑しむものである。今甲乙なる友人又《また》は師弟があるとする。甲が、乙を適任と信ずる場合に、之を選挙し又は選挙を助くるのは、独り選挙の性質からのみでなく、友誼から云うても、間然《かんぜん》する所がない。然るに甲は、乙を適任でないと思いつつ、自分の師友であると云うので、乙を選挙し又は選挙を助くると云う事例がないとも限らぬ。それが、選挙の性質から云うて不正であることは、前に述べた通りであるが、今方面を代えて友誼から考えて見よう。此の場合、若《も》し、甲が真に友情に富むならば、よく乙の立場を考えて見て、先《ま》ず選挙運動を思い止まらすように試みるのであろう。何故なれば適任でない乙を選挙するは、国家の不利であるばかりでなく、それがやがて乙の不利であるからである。乙が其の器に非ずして其の任に在ると云うのは乙其の人に取て非常な不幸であって、遂《つい》には乙の立場を失うに至るかも知れぬ。之を顧みないで、唯《ただ》乙の眼前の慾望を達せしめてやることを以て、友情であると云うならば、それは、友情の観念に付て、根本的に私と見解を異にして居る。私はそう云う友情観を持つ人と友情論を戦わすの勇気を持たない。が、茲《ここ》には唯、私が前に述べた通り友誼に依て選挙を左右しないのが、よく考えると、友誼に背かぬのみならず、それでこそ、真の友誼であると云うことを言いたいのである。

八　選挙法違反ならでも不道徳

選挙人が自分の物質上又《また》は感情上の利益に依って動かさるるのは常に政治上の不道徳である。之に付ては、政治道徳と普通道徳との関係を考えて見ねばならぬ。物質上の利益に依って選挙を左右する場合は論ずるまでもない。感情上の利益殊に師弟間の情誼《じょうぎ》、友人間の情誼に依て選挙を左右する場合は如何であろうか。此等《これら》の情誼は普通道徳としては、非常に立派なものであるが、併《しか》し、普通道徳と政治道徳と対立するとするならば、国民としては、政治道徳を普通道徳の上に置かねばならぬ。否《いな》政治道徳が普通道徳の上に在るのではなく、所謂《いわゆる》政治道徳を破らぬと云うことが、即ち普通道徳其のものであるかも知れぬ。そうすると、金銭や情実で選挙を左右するのは、特に政治上の不道徳と云う説明を待つまでもなく、普通の観念で、已《すで》に不道徳となる。

然《しか》しながら、便宜上、政治上の不道徳と云う語を用いるとして、さて更に、それと法律上の犯罪との関係を見て見よう。或行為が政治上不道徳であると云うのは、其の行為其のものの性質を云うのであって、決して其の行為が法律上犯罪として罰せらるるからではない。即ち私の考では、政治上の不道徳とは、法律上の犯罪とは異なる。政治上の行為であって法律上の犯罪と為《な》るものは常に政治上の不道徳であるが、法律上の犯罪と為らぬ行為でも、政治上の不道徳たることはある。政治上の不道徳は行為其のものの性質に在って、其の行為が法律上罰せらるるや否やに関係ない。今選挙に就て云うと、選挙人が利益に依って動くのは其れ自身政治上の不道徳である。決して、選挙法に依って罰せられるからではない。従って、仮りに、それが、今日の如くに選挙法の犯罪となって居ないとしても、矢張《やは》り政治上の不道徳である。又、たとい、今日選挙法の犯罪と為らぬものでも政治上の不道徳と云うべきである。故に選挙人が、選挙法に触れるような行為をしてならぬは勿論のことであるが、併し、選挙法に触れないからと云うて安心してはならぬ。選挙法に触れない範囲であっても、利益に依って動くのは、やはり政治上の不道徳を犯すものである。此《かく》の如き政治上の不道徳と法律上の犯罪との関係は、遺憾ながら吾々国民の頭に浸み込んで居らぬ。普通には、政治上の行為が法律上の犯罪と為らぬ限《かぎり》、政治上の不道徳ではないと、考えられて居るように思う。政治道徳の権威が、普通道徳の権威に比して、弱いのは全く右の理由に基《もとづ》くのである。普通道徳上不道徳とせらるる行為に法律上罰せらるるものと罰せられないものとある。法律上罰せられないものに付いては云うまでもないが、法律上罰せらるるものでも、其の多くは法律上罰せられるから不道徳であると考えられるのではない。例えば、他人の物を盗むと法律上罰せられる。併《しか》し吾々はそれが法律上罰せられなくても不道徳であると信じて居る。然《しか》るに、政治上の不道徳と云うと、政治上の行為が法律上罰せられるから不道徳であると、一般に感じて居るのではあるまいか。例えば選挙人が金を取って投票すると罰せられる。併し若《も》し、之を、罰せられるから不道徳だと考えるならば、大なる誤解である。そう考える人は、若し、選挙法に罰則の規定を設けてないならば、それを政治上の不道徳だと感ぜぬであろう。政治道徳の行われない禍源《かげん》は実に茲《ここ》に存するのだと、私は思う。それ故に、政治上の不道徳も、普通の不道徳と同じく、法律上の犯罪となると否とに拘《かかわ》らず、行為それ自体が不道徳であると思うように、吾々は訓練せられねばならぬ。重ねて云う。吾々が利益に依って選挙するのは、それが選挙法違反たると否とを問わず、それ自身で政治上の不道徳である。何故かと云うに、それは国家が選挙の制度を設けた精神に反した行動であるからである。且《かつ》政治上の不道徳はやがて普通の不道徳となるであろうと云うことを忘れてはならぬ。

九　棄権も政治上の不道徳

本論の趣旨は、選挙権者が選挙権を行使するものと仮定して、如何に之を行使すべきかを示すに在る。所《ところ》が、実際に於ては、選挙権を行使しない者が沢山あると云う。是《こ》れ即ち近来棄権に対する非難の声の高い所以《ゆえん》である。然《しか》るに、如何なる人が棄権するかと云うに、必ずしも所謂《いわゆる》訳の分らぬ無智識階級のみではないらしい。所謂訳の分った智識階級の人でも棄権するものが少くないと察せられる。之は、少しものの訳が分ると、高く止まって冷淡に構えると云う吾々の一般的国民性と関係がある。所が能《よ》く考えると、それは、其の実、大《おお》いにものの訳が分って居ないのである。

棄権は政治上の不道徳である。それは、棄権が法律上罰せられて居ようが居まいが、国家が選挙と云う制度を設けて居る以上、国民が此の制度の実現を妨げる行為をするならば、唯《ただ》それだけで、不道徳と云わねばならぬ。棄権が政治上不道徳であると云う点は利益に依て選挙権を左右せらるるのと少しも違いはない。棄権が法律上罰せられないからと云うので、棄権しても差支《さしつかえ》ないと思う人は、法律上罰せられなくば、人の物を盗んでもよいと云うことを、認めねばなるまい。然れば少くとも、人の物を盗むことが、犯罪となると否とに関せず不道徳であると思う人は、棄権してはならぬ。

棄権は政治上の不道徳であるから、唯それだけで棄権を非難するに足るのであるが、併《しか》し私は、更に別の方面から之を観たいと思う。棄権は実に、自分を棄てるものである。元来選挙者は如何なる場合に棄権するのか。私の考では、棄権は実に、事実上選挙場に臨むの不能なる場合以外には、ざっと次のような主な場合を想像し得る。第一は特別の理由はないが、唯《ただ》選挙権者が一般に政治に冷淡であるから、棄権する場合である。政治に冷淡と云うことの弊害は根本問題として別論を要するが、此の場合には、選挙権者は自ら求めて、自分の意見を行うの機会を無視するのであること、論を待たぬ。第二は選挙権者が選挙界の腐敗を厭《いと》うの余《あまり》、つまらぬとて、棄権する場合である。真に選挙界の腐敗を厭うのなら、唯《ただ》一票でも、清い投票を多くするが当然ではないか。此の種の棄権者は、選挙界の腐敗を除きたいと云う自分の意見を捨てるものに外《ほか》ならぬ。第三は、選挙権者が、現在の候補者に満足しない結果、棄権する場合である。之は一応の理由があるように見えるが、併し私は、均《ひと》しく之をも排斥したい。選挙権者は候補者中で比較的適任と思うものを選ぶことに力《つと》めねばならぬ。全く自分の理想に合するものでなくば選挙しないと云うならば、選挙は殆《ほとん》ど不可能に終るであろう。比較的適任の候補者を選挙するのは、棄権するよりも、自分の意見を行うことに一歩進めたものと思う。若《も》し、現在の候補者が、絶対的に不満足であるならば、即ち候補者相互を比較することも出来ないならば、現在の候補者を選挙しないのも、已《や》むを得ぬ。此の場合とても、棄権は許されない。候補者以外に自分の選挙すべきものを求むべきである。然《しか》しながら、茲《ここ》に一つ注意すべき事がある。それは、候補者以外の者を選挙するのは、余程《よほど》の場合に限るべきであって、濫《みだ》りに行うてはならぬと云うことである。何故かと云うに候補者以外の者への投票は、多くは何の効もないからである。第四は、選挙権者が、情実や圧迫にからまれて、甲とも乙とも決し兼ねて、棄権する場合である。それが、自分の意見を棄《す》てるのであることは、説くまでもない。こう考え来ると、棄権は、本来主張せねばならぬ筈《はず》の自分の意見を棄てるもので、実は其の瞬間に於て、自分を棄てるものである。之を他人のこととのみ思うのは、大きな誤りである。

自分を棄てるのは必ずしも悪くはない。場合に依っては、大に自分を棄てねばならぬ。それは、或る高い目的の為にする場合である。犠牲の尊い所以《ゆえん》は即ちそれである。併《しか》し、何の意味もなしに、自分を棄てることは、それが罪悪であるか否かは別として、兎《と》に角《かく》笑うべきものと思う。況《いわ》んや、それが政治上の不道徳となる場合には、尚更《なおさら》のことである。単に棄権が政治上の不道徳であると云う点からばかりではなく、それが自分を棄てるのであると云う点から、棄権の排斥すべきことを注意するならば世人が一層《いっそう》痛切に棄権を忌むに至るであろう。

十　最後の一筆

「戦争は最後の十五分」と聞くが、私は、「選挙は最後の一筆」と言いたい。我が選挙法は、投票は無記名であると定め、又、何人《なんぴと》でも誰が誰を投票したかを語るを要しないと定めて居る。世人は能《よ》く右の法の規定のあることを知って居るが、さて、其の法の精神を知って居るであろうか。其の法の精神を知って居るとしても、果して其の精神を実行して居るであろうか。其の法の精神を知って居て之を実行しない人が寧《むし》ろ多いのではあるまいか。法の精神は選挙人をして、全く自由に、何の心配なしに、投票せしめようとするに在る。法は決して吾々に偉人たれと、難《かた》きを求むるものではない。寧ろ吾々が誘惑に陥り又《また》圧迫に屈し易き普通人であることを前提として居る。吾々が投票前、種々の誘惑に陥り又圧迫に屈することを、法は必ずしも咎めぬ。而《しか》して吾々が最後に至って其の誘惑や圧迫に打勝ち得るようの余地を、法は吾々に与えて居るのである。法は冷《ひやや》かなようで而《しか》も温みに富んで居るではないか。例えば選挙人が何等かの関係から、心にもない某候補者を投票すると云う約束をしたとする。此の約束は決して履行するに及ばぬ。選挙人は自由に心から信ずる候補者を投票するがよい。そうしても、少しも後の心配は入らぬ。投票は無記名であるのだ。法は一旦《いったん》誘惑に陥り、圧迫に屈した選挙人に、最後の瞬間に至るまで、其の良心に復《かえ》るの余地を与えて居る。其の親切な法の精神を、選挙人たるものが酌《く》み取らいで何とする。或は一旦約束したものだから、心にもないが、其の約束した候補者に投票せねば、不徳義だと云う者があるかも知れぬ。皮相的に考うれば、それも無理はない。此の考は誤りではあるが、併《しか》しそこに味がある。唯そう云う風に義理を思う人は、更に進んで、もう少し徹底的に考えてもらいたい。今小さい義理を捨てて大きな義理に就くのであって、一般に義理と云うものを無視するのではない。共に悪事を仕《し》ようと約束した者が改心して悪事をせぬのは、大きな義理を重んずるに外《ほか》ならぬ。理解し易い為に極端な例を示そう。相《あい》提携して博奕《ばくち》、泥棒をやろうと約束した者が、後に至って、博奕や泥棒を止めるのが不徳義であろうか。之に対しては何人も否と答える。泥棒や博徒《ばくと》の間にも厳重な徳義があると云う。併しそれを守るの義務——と云い得べくんば——のあるのは、泥棒である間、博徒である間のことである。改心して泥棒仲間、博徒仲間其のものを脱したいと思うときに、尚《なお》泥棒仲間、博徒仲間の徳義を云々するの愚者はあるまい。私は、今選挙に於ける腐敗其のものを指して泥棒とか博奕とか云うのではない。唯《ただ》悪事を為すの約束を破って善事を為すのが、不徳義ではないと云うことを、徹底的に理解せしむる為に、わざと極端な場合を引いて来たに過ぎぬ。投票を売るの約束をした人が、翻《ほん》然《ぜん》良心に立ちもどって、心から信ずる候補者を投票するのは、道理に於ては、前約を破って泥棒や博奕をやめるのと同じであって、少しも不徳義ではないのである。

選挙人諸君、諸君が投票する一刹那《いっせつな》——投票紙に候補者の名を記する一刹那——其の一刹那が、実に、諸君の政治的良心の有無を決するのである。選挙運動の際は種々いまわしい事情が錯綜するであろうが、併し彼の一刹那に選挙的良心が閃《ひらめ》くならば、それで我が選挙法の精神は達せられる。然れば、選挙人諸君よ、願くは彼の一刹那に、前の事情如何に頓着することなく、唯《ただ》諸君の政治的良心のみに依て、投票の筆を下されたい。諸君の其の最後の一筆こそ、実に之を小にしては、諸君自身の政治道徳的価値を定め、又《また》之を大にしては、我国家の運命を決するのである。

十一　選挙と第三者

前項私は専ら直接に選挙に関係する者即ち候補者及び選挙人に就て述べた。此等《これら》の者に就ては世人も兎《と》に角《かく》相当の注意を払って居るが茲《ここ》に一つ選挙界の廓清《かくせい》と重大の関係があって、而《しか》も世人の議論に上らぬものがある。それは即ち選挙に直接の関係を持たぬ第三者のことである。詳しく言えば広い意味の運動者及び選挙権のない者のことである。広い意味の運動者の中には、普通言う所の運動員と他の応援者との二つがある。前の運動員と言うものの態度の改良に就ては世間既に定論のあることで、茲に改めて説くまでもないが、後の応援者に付ては一言せざるを得ない。いつの選挙でもあるが殊に今度の選挙では、候補者の為に名士の応援が熾《さかん》に行われて居る。東西幾十の諸名士が応援演説の為に右往左往に入り乱れる。確に一大壮観に違いない。私は大に之を喜ぶ。選挙の応援は間接に国家に尽す所以《ゆえん》である。唯《ただ》之と同時に応援の理由と云うことに就ては細心の注意を要する。名士が候補者を応援するの理由は抑《そもそ》も何に基《もとづ》くべきものであろうか。勿論《もちろん》名士それぞれの理由があるであろうが、少くとも一つ動《うごか》すべからざる次のことがある。或人が或候補者を応援するは若《も》し其の候補者が其の人の居る選挙区で立候補をするならば其の人は其の候補者を選挙するであろうと思わるる場合でなくてはならぬ。それは自分の選挙しない候補者を他人に推薦し得る訳《わ》けがないからである。故に或候補者に応援するや否やの標準は其の者を選挙するや否やの標準と同じである。従て選挙の標準が政見本位に在るとせば応援の標準も政見本位に在らねばならぬ。若し、元来自分と政見を異にすることを直接又は間接に示して居る所の候補者に応援し、或は全く候補者の政見に頓着せずして之に応援する者があるならば、それが物質上の或利益に基く場合は論外で、評するに及ばぬが、それが感情上の利益に基く場合でも、均《ひと》しく立憲政治の上では許されないものである。加之《しかのみならず》右のような非立憲的な応援は、非立憲的な選挙に比して一層《いっそう》悪いと思う。何故かと云うに、選挙人が非立憲的に選挙するのは、自ら誤り又は自ら欺《あざむ》くるに止《とどま》るが、応援者が非立憲的に応援するのは、独り自ら誤り又は自ら欺くばかりでない。他を誤り又は他を欺くからである。尤《もっと》も之は必ずしも現在行われて居る名士の応援がそうだと云うのではない。一般的に論じて以て聊《いささ》か世人の等閑に附して居る点を注意するに過ぎぬ。応援者が言論以外に取引の関係や営業組合の関係などを利用し、殊に自分が経済上の強者として、経済上の弱者を暗に強《しい》て自分の応援する候補者を選挙せしむることがあると聞くが、此の如きも亦《また》批評の価値なきものに属する。

次に選挙と選挙権なき者との関係はどうであろうか。選挙権なき者は固《もと》より選挙を為し得ないが、併《しか》し、之が為に、選挙に無頓着でよいとは云えぬ。此等の者は単に現今の制度――而《しか》も改正を必要とする制度――の上で選挙に与《あずか》らぬと云うに過ぎない。決して政治上の意志があってはならぬと云うのではない。私の考では選挙権のない者でも、矢張《やはり》均しく候補者の政見如何に注意せねばならぬ。而《しか》して其の候補者の政見を批評するがよい。之は一見無意味のようであるが、決してそうではない。此等の者は利害関係を離れて批評し得るから、其の批評が肯綮《こうけい》に中《あた》り、識《し》らず識らずの間に選挙権者を正当に導くことが出来る。且《かつ》選挙権のない者でも、腐敗した候補者や選挙人に対する社会的制裁力の大淵源《えんげん》となり得ることを、忘れてはならぬ。

加之《しかのみならず》一般の総選挙の場合に付て云うと、是非とも選挙権なき者の参加を要する問題が一つある。選挙権拡張の問題が即ちそれだ。選挙権拡張の問題が種々の方面に亘《わた》って重要であることは勿論《もちろん》で近来殊に之に関する世論が高くなったのであるから、一般の場合ならば、之が政治上の重要なる争点の一つとならねばならぬ。而して此の争点に付て特に注意して居らねばならぬ者は、云うまでもなく、現に選挙権のない者である。尤《もっと》も今次の総選挙は解散後の選挙であるから、争点は主として解散の原因たる問題に在る。従って候補者の政見が選挙権拡張と云う如き一般問題に触れなくとも之を責むることは出来ないが、若《も》し之に論及する者があるならば更に高遠な理想ある政治家と云うことが出来よう。

（大正四年三月）

憲法裁判所設置の議

一　憲法擁護の制度

日本には憲法がある。其の憲法は、来る二月十一日を以て、実に発布満二十五年を記念せられんとして居る。吾々国民が我が憲法を欽定遊ばされた明治天皇陛下の鴻恩《こうおん》に対して永久に感謝し奉ることは云うまでもないが、之と共に、憲法制定の前後、之を願望した国民の熱情や、朝野《ちょうや》政客の真面目な態度を想うときは、何人《なんぴと》も感激するであろう。感謝し感激するのは精神であって、形容ではない。憲法に対する吾々国民の感謝や感激は、憲法を遵守するの精神でなければならぬ。吾々国民が、如何に憲法の欽定の難有《ありがた》さを口にしても、真に憲法を遵守するの精神がないならば、果して何の感謝があろうぞ、又《また》何の感激があろうぞ。

憲法遵守の第一義は国民の憲法思想の訓練に在って、第二義は憲法擁護制度の規定に在る。国民の憲法思想が憲法遵守の前提であることは勿論《もちろん》であるが、之は広い意味の教育に依って訓練するの外《ほか》はない。然《しか》るに、教育は、内省的に思想を誘導するのであって、不断の努力に依って徐々に其の目的を達すべきものである。故に、教育に依て根本的に国民の憲法思想を訓練すると同時に、別に、外圧的に、憲法を遵守せしむるの手段を講ずることが必要である。即ち、国家は、適当の方法で、憲法遵守を目的とする制度を規定するの必要がある。私は之を憲法擁護の制度と名《なづ》ける。

世には、我が憲法政治の過去に徴して其の将来を危ぶむの議論も少くない。然《しか》しながら、唯徒《いたずら》に失敗の迹《あと》を回顧するは前進の勇気を沮喪《そそう》する所以《ゆえん》である。反省しなければならぬが、挫折してはいけない。且《かつ》私の見る所では、我が国民の間には、今や憲法政治の自覚を生じて居る。過ぎ去った一年間に、世人が、口癖に、議会政治を叫んだのは、よし其の観念が明瞭精確でないにしても、それが憲法政治に対する自覚の声であると云う点に於て、大《おおい》に喜ばねばならぬ。憲法政治の自覚其のものを促すの叫びは、最早《もは》や必要でなくなった。今後は、此の自覚を正常に導くの方法を講ぜねばならぬ、之が、実に朝野識者今後の一大任務である。

議会政治を要求するもよい。然しながら、吾々法律研究者の立場より云うと、それよりも以前に、又は少くともそれと同時に、解決すべき前提の問題が一つある。それは、憲法の擁護と云うこと、従って、憲法擁護の制度を確立すると云うことである。憲法の擁護の為に、何等かの規定を設けて、制度の上に於て、憲法を擁護すると云うことが、果して余の信ずるが如くに必要であるとするならば、それは、議会政治たると否とに拘《かかわ》らない、憲法政治の下には、常にそうだと云わねばならぬ。憲法政治の運用として、議会政治が最も進歩した形式であることは、争われないのであるが、併《しか》し、議会政治即ち憲法政治なりと云う命題は、精確を欠いて居る。憲法の破壊は、議会政治の下に於ても行われ得るのだ。それ故に、法律家の立場としては、議会政治たると否とに拘わらず、憲法擁護の制度を研究せねばならぬ。

然らば、憲法擁護の制度とは、どんなものを云うのであるか。勿論色々の点に亘《わた》って考えねばならぬのであるが、茲《ここ》には一々説明することが出来ぬ。其の最も主なものは、国政最高の当局者たる大臣を、憲法を遵守すべく強制するの制度である。此の強制は、大臣が、憲法を遵守しない場合に其の責任を糺《ただ》すことに依って行われる。それ故に、適当な方法で大臣の責任を糺すことの出来るように、其の手続を規定することが、憲法擁護の制度の趣旨である。そして、其の制度として、私は憲法裁判所と云うものを設置するの必要を主張するのである。

憲法裁判所とは、大臣の行為が、憲法違反であるか否かを判定する国家の機関を謂う。尤《もっと》も茲に憲法とは、広い意味に於て云うので、憲法法典の外《ほか》、憲法附属の法をも含ましめて置く。

二　大臣責任の実現

国務大臣は君主を輔弼《ほひつ》するものであって、其の輔弼の行為に付て責任を有する。此の原則は、現今の立憲君主国の均《ひと》しく認むる所であって、我が憲法にも規定せられて居るのであるが、唯《ただ》其の行為が責任を生ずる場合に付ては、多少の疑がないでもない。それは、大臣の輔弼の結果、憲法に違反する或事実を生じた場合にのみ責任を負うのであるか、又は、憲法には違反しなくとも、政策上不適当な或事実を生じた場合にも、責任を負うのであるか、と云うことだ。学者は通常前の場合の責任を法律上の責任と云い、後の場合の責任を政治上の責任と云う。但《ただし》次の事を注意せねばならぬ。大臣の責任が法律上の責任であるとか、政治上の責任であるとか云うのは、責任の有無の繋がる点が、法律上の問題即ち、違憲か否かと云うことに在るのと、政策上の問題即ち、適当か否かと云うことに在るのとの区別である。政策上の問題に付てでも、之が責任ありとせらるるならば、それ自身は一の法律上の原則である。即ち、大臣が所謂《いわゆる》政治上の責任を有すると云うことも亦《また》法律上の原則として、そうであると云うのである、決して政治上の徳義として責任を負うと云うのではない。それ故に若《も》し、法律上の責任と云う語を、法律上の原則として認められたる責任と云う意味に用いるならば、此の意味に於ては、右に所謂政治上の責任なるものも、矢張《やは》り法律上の責任である。そして此の意味に於て法律上の責任と云うとすれば、之に対するものとしての責任、即ち、法律上の原則として負うのではないが、唯《ただ》政治上の徳義として負うと云う責任は、之を徳義上の責任と名づけるがよい。これは、用語の論に過ぎないが、法律学上の術語として、大臣の法律上の責任及び政治上の責任と云うとき、法律研究者ですら、往々誤解することがあるから、私は茲《ここ》に、其の意味を言明したのである。

大臣の責任が、右に所謂《いわゆる》法律上の責任のみであるか、又は政治上の責任をも含むかと云うことは、実際上の結果に重大の関係を有《も》って居る。憲法が明文を以て之を決して居る場合には議論はない。が、之に反して、憲法が単に、大臣が責任を有すと定めて居る場合には問題を生ずる。我が憲法も亦《また》それである。私の解する所に依れば、此の場合には、特別の定《さだめ》なき限《かぎり》、法律上及び政治上の両種の責任を有して居るのである。大臣は天皇を輔弼して、之に付て責任を有するのであるが、輔弼とは、単に憲法に適合した行為を為すことのみを指すのではない、政策上適当の行為を為すことをも指すのである。故に、大臣の行為が憲法に違反した場合に責任を生ずるのは勿論《もちろん》であるが、大臣の行為が、憲法に違反しなくとも、政策上不適当である場合に於ては、矢張《やは》り、責任を生ずるのである。換言せば、我が憲法上の大臣の責任なることは、所謂《いわゆる》法律上の責任と政治上の責任との両者を含むものと云うの外《ほか》ない。

已《すで》に、大臣が責任を有すとせば、其の責任を問うの方法がなければならぬ。責任を問うの方法に付て、第一に起る問題は、何人が之を問うかと云うことである。或学者は天皇が之を問うのであると云い、他の学者は帝国議会が之を問うのであると云う。之は決して、政治上の傾向の問題ではなく純粋の憲法解釈の問題である。私は、憲法に特に大臣の責任を規定するのは、帝国議会が之を問うものとするに於て、始めて意味を有すると解する。反面より云うと、天皇が大臣の責任を問うと云うことは、特に憲法に規定するを待つものでないと信ずる。然《しか》しながら、此のことは固《もと》より詳細な説明を要するもので、今之に及ぶことは出来ぬから、茲《ここ》には唯《ただ》我が憲法が大臣の責任を規定して居るのは、即ち帝国議会が大臣の責任を問い得ると云うことだ、と云うの結論を示すに止《とど》めて置く。然しながら此の解釈の結果、天皇が大臣の責任を問うことが出来ぬと云うのではない。天皇が大臣の責任を問い得ることは、憲法の規定を待たず、天皇と大臣との関係より当然に生ずることである。此の責任は、憲法に規定してある大臣責任とは、全く別のものである。それ故に、憲法に特に、大臣責任を規定した場合には、帝国議会が問うものとしての責任を指すとすることが、唯一の意味ある解釈である。

帝国議会が大臣の責任を問い得るものとせば、問題は更に、如何なる手続で此の責任を問うかと云う点に進むのである。大臣の責任を問うには一定の手続がなくてはならぬ。若《も》し此の手続がなかったならば、帝国議会は、実際上大臣の責任を問うことが出来ない。故に実際上の見地よりすると、責任を問うの手続如何の問題は、責任を問い得るや否やの問題よりも、寧《むし》ろ大なる意味を有して居る。然《しか》るに、我が国法に於ては、帝国議会が大臣の責任を問うの手続に付て何等の規定をも見ない、従って、帝国議会は実際上、結局大臣の責任を問うことが出来ない。此のことは我が国法上の重大な欠典《けってん》と云わねばならぬ。然《さ》れば、吾々法律研究者の見地より云うときは、憲法政治の発達を期するには、先《ま》ず、帝国議会が大臣の責任を問うの手続を規定することを以て、急務中の急務とするのである。

三　議会政治と大臣責任の制度

憲法政治の発達の為に、憲法擁護の制度を必要とすること、そして憲法擁護の制度として、先《ま》ず大臣の責任を実現するの制度を必要とすることは、以上の説明で明《あきらか》となったと思う。少くとも、彼《か》の所謂《いわゆる》超然政治の下に於て、右の必要あることを疑う者はあるまいと思う。然《しか》しながら、議会政治の下に於て、尚《な》お右の必要があるかと云うことに就ては、或は異論がないとも限らぬ。否、憲法政治と議会政治とを、常に一致するとする者は、論理上必然的に私の右の主張に対して異論を挿《はさ》み、議会政治の下では、特に憲法擁護の制度の必要がないと説かねばならぬ。私は前にも一言した通り、議会政治を以て、憲法政治の最も進歩した一形式とするのであるから、それにも拘《かかわ》らず、別に憲法擁護の制度を必要とするの理由に就て、一言せざるを得ない。

議会政治と云う語は、現今我が国に於て、議会の意思に基《もとづ》きて、大臣を任用するの主義を意味する。此の意味は一見明瞭であるようだが、之を唱うる者の意見は実は明瞭でないように思う。法律上の原則として――それは慣習法としてでもよい――大臣の任用は必ず帝国議会の意思に基いてせねばならぬと云うのであるか、又は法の運用として大臣の任用に付て、議会の意思に基いてするを適当とすると云うのであるか。若《も》し、そう云う法律上の原則があると云うの意味ならば、それは明に誤りである。そう云う法律上の原則は我が現行国法上に存して居ない。将来成文規定を以て又は慣習に依って、そう云う原則が認めらるるかどうか、それは今日予言出来ない。之に反して、若《も》し法の運用としてそう云う風にするがよいと云うの意味ならば、それは固《もと》より差支《さしつかえ》ない。それが適当であるか否かは別論として、それを憲法上許すべからずと云うのは、理由のないことである。天皇は勿論《もちろん》其の大権に依って大臣を任用せらるるのであるが、何人を大臣に任用せんかと御定め遊ばさるる際には、恐多《おそれおお》いことではあるが、実際上何人かに御相談遊ばさるるであろうと察し奉る。故に問題は何人が御相談に預《あずか》るの光栄を有するかと云うことである。それは或は元老と云う一部少数の者に御相談遊ばさるることも出来るし、又《また》国民全体に御相談遊ばさるることも出来る。此の場合に、国民全体が御相談に預るの光栄を有したいと懇願し奉るのは、国家を愛し、皇室に忠なる所以《ゆえん》に外《ほか》ならぬ。之を他の方面から云うと、天皇が大政を御統裁《とうさい》遊ばさるるに当って、成るべく広く民意を察せらるると云う現今の時代には、大臣を任用せらるるに当って、一部少数者よりも、国民全体に御相談遊ばさるると云うのが、自然の趨勢である。然《さ》れば、天皇が大臣を任用せらるるに当って、議会の意思に重きを置かるることは、法の運用を円満ならしむる所以である。法の運用としての議会政治を目して、天皇の大権を侵すものであると云うのは、法の実際の運用を顧みない見解である。私は法の運用としての議会政治は、自然の趨勢であると信ずる。

然《しか》しながら、法の運用としての議会政治が自然の趨勢であると云うことを解して、議会政治の下には、常に憲法が遵守せらるるとするならば、それは又《また》一の誤解である。内閣が議会の意思に基《もとづ》いて成ると云うことは、其の内閣が、適法に憲法を遵守するか否かには関係ない。議会の意思に基いて成る内閣とても、其の都合に依て憲法を曲解し、又は、曲解しなくとも、其の解釈を誤って憲法に違反することの有り得るは、明《あきらか》である。それ故に、憲法擁護制度の必要ありとするならば、それは単に超然政治の下に於てのみではない、議会政治の下に於ても同様である。啻《ただ》に同様であるのみならず、場合に依っては一層《いっそう》其の必要を感ずる。

超然内閣が、憲法違反の行為を為した場合には、議会は通常遠慮なく之を責めるであろう。之に反して議会内閣の場合には、内閣は議会の意思に基いて居るから、内閣が憲法違反の行為ありとするも、議会は或は之を責めぬかも知れぬ。議会の少数党は之を責むるであろうが、それは何等の効果をも生ぜぬ。こう云う場合には、どうしても議会以外に純粋に法理上の見地よりして内閣の行為を判定するの制度が、必要となるのである。

英国の制度を理想とする者は、次の如く云うかも知れぬ。議会の決定以外に、別に大臣の責任を決定する制度を設けるのは、幼稚な立憲思想である。英国では議会が内閣の不信任を決するならば、大臣は辞職せねばならぬ、之が理想である、と云うかも知れぬ。

然しながら、之は其の一面のみを見たるに過ぎぬ。大臣の責任に法律上の責任及び政治上の責任の二種あること、そして私は今茲《ここ》に法律上の責任のことを云うて居ることを忘れてはならぬ。大臣の行為を政策上より見て、適当か否かを決するは、それは議会ですべきである。然《しか》しながら之を法律上より見て適法か否かを決することを、議会に委ぬるには、議会が右の場合に、常に純粋法理を守って政党の党略に左右せられないことを前提とせねばならぬ。併《しか》し、今日、此の前提を許すは、余りに政治の実際の方面を無視するものである。

四　憲法裁判及び憲法裁判所

私は、右の如く超然政治の下でも、議会政治の下でも、一様に憲法擁護制度の必要があるとする以上、今や、進んで、如何なる制度を設くべきかを研究せねばならぬ。私は、之が為には、特別の国家機関の設置を希望する。仮りに此の機関を設置せらるるとせば、それは、如何なる性質を持って居るものか、と云うことを考えて見よう。

一の特定の場合に、何等かの国家機関が、大臣の行為の憲法違反か否かを判定すとするならば、其の作用は如何なる性質のものであろうか、行政か立法か将《は》た裁判か。此の点は、説明を進めるの立脚地であって、そして太《はなは》だ簡明である。此の場合には、其の国家機関の作用は、其の場合に適用せらるべき憲法の原則其のものを宣明するものに過ぎぬ、他に何等の作用をも為さぬ。一般に、或特定の場合に、之に適用せらるべき法の原則を宣明するの作用は、裁判である。故に、或国家機関が、或特定の場合に、大臣の行為の憲法違反か否かを判定するのは、裁判を為すものである。私は此の裁判を憲法裁判と云い、其の機関を憲法裁判所と名《な》づける。憲法擁護の制度としては、憲法裁判及び憲法裁判所なる制度を確立するを以て、最良とするのである。

憲法裁判所が憲法裁判を為すには、完全に職務上の独立を持たねばならぬ。天皇並《ならびに》政府に対しても又《また》議会に対しても、絶対的に、職務上の独立を認められねばならぬ。職務上の独立とは、憲法の解釈適用に就《つい》て、何人からも指図を受けないと云うことである。此《かく》の如き独立の憲法裁判所は、現今想像し得る範囲に於て最も有効なる憲法擁護の制度と云わねばならぬ。

憲法裁判所なるものは、決して珍らしい制度ではない。墺多利《オーストリア》にもある、独逸《ドイツ》の多数の国にもある。我が国に於ては制度として存在しないことは云うまでもないが、唯、私の不思議に思うのは、憲法政治を叫ぶ朝野《ちょうや》の人士が、大臣の責任をやかましく云うにも拘《かかわ》らず具体的に其の責任を問うの手続に付て、研究をしないらしく見ゆることである。一口に議会政治と云う、私も勿論《もちろん》議会政治に反対するものではない、併《しか》し、寧《むし》ろ先《ま》ず、議会政治と否とに拘らず、憲法政治の要件たる憲法擁護の制度の必要を思うのである。帝国議会が大臣の責任を問い得るの権限あるにも拘らず、之を問うの手続がないと云うことを、識者は何故軽々に附して居るのであるか。私は、法律研究者として、此の点に付て、議会政治と云うよりも、又は少くとも之と共に、世人の注意を喚起したいと思う。

然《しか》しながら翻《ひるがえ》って考えると之にも多少の理由がある。我が憲法は人の知る通り独逸《ドイツ》の憲法を模範として居る。普国は憲法に於て大臣の責任を認め且《かつ》之を問うの手続を別の法律に委ねて居るが、而《しかれど》も之を問うの手続の法律は、今日に至るまで定められて居ない。我が国に於て先進国たる独逸《ドイツ》の憲法を模範とするは固《もと》より好《よ》いことであるが、独逸《ドイツ》と云うても必ずしも普国の制度のみを理想とすべきではない、他の国の制度をも参考せねばならぬ。

又《また》普国の制度にしても、其の昔からの制度に対する今日の普国民の要求如何をも参考せねばならぬ。而《しか》して普国に於ては、大臣の責任を問うの手続を要求するの声は、今や一般の輿《よ》論《ろん》となって居るのである。独逸《ドイツ》帝国の宰相及び代理者の責任に就ても、同様であって此の数年来、頻《しき》りに議論せられて居る。議論せられて居ると云うのは此の手続を定むるの当否に就てではない、之を定むべしとするのは定論だが、唯《ただ》如何に之を定むべきかの細目に付て一致しないのだ。

最近には、千九百八年十二月に、独逸《ドイツ》帝国議会の二三の政党から、宰相及び代理者の責任を問うの手続規定に関する建議をなし、憲法裁判所の制度を設けて、大臣責任を実現せねばならぬと主張した。公法の学者も亦《また》それぞれ之に関する意見を闘わした。以来研究調査に余念ない様子である。現に一二週間前の我が新聞紙の報道によると今開会中の独逸《ドイツ》帝国議会で、又《また》右の大臣責任の問題が起って賛否の論が分れたと云うことである。之が詳細は勿論《もちろん》今知るに由《よし》なく、従って如何なる点に就て、其の議論が分れたのであるかを明《あきらか》にし難いのであるが、大臣責任を実現する手続の必要其のものに就ては、独逸《ドイツ》国でも輿論は一致して居ると思う。かねて同国で問題となって居る点の一で最も興味あるものは、責任を及ぼすべき範囲如何である。即ち、独逸《ドイツ》皇帝の行為中、内外の政治に影響を及ぼすべき一切のものに就て、宰相及び代理者の責任を問うべきか、又は独逸《ドイツ》皇帝の行為中、形式上政治行為なりとして現れたるもの、即ち法令の規定又は処分に就てのみ、宰相及び代理者の責任を問うべきかと云うことである。此のことは、実は独逸《ドイツ》の現皇帝たるウイルヘルム二世〔在位一八八八―一九一八年〕陛下の特殊の御性格に関係がある。ウイルヘルム二世陛下には、人の知る如く何事に就ても意見を持たれ、且《かつ》其の意見を自ら直接に発表せらるる習慣がある。然るにウイルヘルム二世陛下の御言動は、独逸《ドイツ》内外の政治に影響すること多大であって、従来已《すで》に世間の物議を醸《かも》したことが少くない。そこでウイルヘルム二世陛下の行為が形式上法令の規定又は処分の形式で現れたとき、之に就て宰相及び代理者が責任を有することは云うまでもないが、ウイルヘルム二世陛下の行為中右の形式を採らないもの、例えば日常の御談話等でも、苟《いやし》くも内外の政治に影響を及ぼす以上は、之に就て、宰相及び代理者が責任を有するか否かと云う点が争われて居る。又《また》憲法裁判所の設置に就ても、大した争論はないが、さて其の組織を如何にすべきかと云う段になると、中々《なかなか》決しないのである。故に独逸《ドイツ》に於て、年来の問題たる大臣責任実現の法案が未だ確定しないのは、決して大臣責任実現の制度を非とするのではない、其の細則に就て審議を凝らして居るに外《ほか》ならぬ。

然《さ》れば、大臣の責任を実現するが為に憲法裁判所なる特別の機関を設けると云うことは、現今立憲君主国に於ける趨勢と云うて差支《さしつかえ》ない。我が国でも今日は最早《もはや》世人一般が、少くとも研究に着手すべき時期ではあるまいか。若《も》しいよいよ憲法裁判所を設置するとせば、勿論《もちろん》、種々細密の点に立入って考えねばならぬ。併《しか》し、茲《ここ》に之に論及するは適当でないから、唯《ただ》重要の一二点のみを左に説明して見よう。

五　憲法裁判所と帝国議会

憲法裁判所を設置して、大臣責任の実現を為すとするに於ては、之と帝国議会との関係を何《ど》うすべきかと云うことが、先《ま》ず決すべき重大な問題である。

大臣の責任は、帝国議会に於て之を問うべきものである。故に、帝国議会と少しも関係なくして憲法裁判所なる制度を存在せしむることは出来ない。即ち、憲法裁判所なるものは畢竟帝国議会が大臣の責任を問うの手段として認めらるるのである。然《しか》しながら帝国議会が大臣の責任を問うと云うことは、決して帝国議会が自ら大臣の行為が憲法違反なりや否やを判定すると云うことではない。若《も》し帝国議会が大臣の責任を問うということを解して、右の如く帝国議会が自ら大臣の行為が憲法違反なりや否やを判定するを要すとするならば、帝国議会以外に憲法裁判所なる機関を設けて、之に依って大臣の行為の憲法違反なりや否やを判定すると云うことは、帝国議会が大臣の責任を問うと云う原則に反することとなる。即ち憲法裁判所なるものは法律上存在の余地を持たぬこととなる。併《しか》し此の如《かく》き解釈は明《あきら》かに誤って居る。帝国議会が、大臣の行為を憲法に照して違法なりや否やを判定するの機会を与え、そして其の機会が与えられたならば必ず何等かの方法に依って其の判定を為さねばならぬ。此の場合には、矢張《やは》り議会が大臣の責任を問うのである。必ずしも議会自らが、大臣の行為が憲法に違反するや否やを判定するの必要はない。それ故に議会をして自ら此の如き判定を為さしむるのが、適当であるか否かは、全く別の見地より考えて見ねばならぬ。

大臣の行為を憲法に照して違法なりや否やを判定するは、前にも言った如く、性質上裁判である。然《しか》るに、帝国議会は立法機関であるから、当然には裁判の作用を行うべきものではない。故に大臣の行為を憲法に照して憲法違反なりや否やを定むることは、帝国議会の本質上必要の結果ではない。且《かつ》憲法の擁護と云うことは、大臣に対すると同様に、帝国議会に対しても、亦《また》存在しなければならぬ。故に帝国議会をして、大臣の行為が憲法違反なりや否やを決定せしむることは、帝国議会の性質上必要でないのみならず、往々却《かえっ》て弊害を生ずるの虞《おそれ》がある。憲法裁判を認むるならば、帝国議会をして之に当らしむることは適当でない。是《こ》れ私が、帝国議会以外に特に憲法裁判所なる機関を設くべしとする所以《ゆえん》である。

然《しか》しながら、大臣の責任の実現に付て、若《も》し帝国議会が何等の関係をも持たないとするならば、それは最早《もは》や帝国議会が大臣の責任を問うと云うことは出来ぬ。是の故に、帝国議会自らが憲法裁判の機関と為《な》ることは適当ではないが、而《しかれど》も帝国議会は憲法裁判を要求するの権限を持たねばならぬ。此の権限があるならば、それで帝国議会が大臣の責任を問うと云うことが出来るのである。故に帝国議会が大臣の責任を問うと云うが為には、帝国議会が憲法裁判を要求し得ると云うことが必要であって、又《また》之を以て十分とするのである。

然《さ》れば、帝国議会と憲法裁判所との関係は、次の如く定めねばならぬ。帝国議会は憲法裁判所の裁判を要求するを得べく、此の要求あるときは、憲法裁判所は必ず何等かの判定を下さなければならぬとし、そして此の判定が、大臣の地位に付て何等かの影響を与えるようにせねばならぬ。

六　憲法裁判所の規定

憲法裁判所の規定に付て、詳論は出来ぬが、併《しか》し次の諸点に付ては、一言せざるを得ない。

其の一は憲法裁判所の権限である。憲法裁判所が判定すべき大臣の責任は、前に説明した法律上の責任のみに限るべきか、又は政治上の責任にも及ぶべきかと云うことを、先《ま》ず決せねばならぬ。即ち憲法裁判所は、大臣の行為が憲法に違反したか否かを判定するのみならず、政策上適当でなかったか否かを判定すべきものかどうか。此のことは数年来独逸《ドイツ》に於て争われて居るのであるが、私の考では憲法裁判所の権限としては、単に法律上の責任の問題に限るべきであると思う。憲法裁判は裁判であって、大臣の行為を憲法に照して観察するものであるから、本来裁判機関たるものが、政策上の当否をも審査することは、適当でないのである。然《しか》しながら、之が為に大臣の行為が政策上適当であったか否かと云う点に付ての責任即ち政治上の責任がないと云うのではない。之は前にも述べた如く、憲法の解釈として、大臣は政治上の責任を持って居るのである。故に大臣が此の政治上の責任を問われることは、勿論《もちろん》である。唯《ただ》憲法裁判所に依って之を明《あきらか》にするを不適当とすと云うに過ぎない。政治上の責任を決定すべきものは、余の考では、之を、帝国議会の以外に求むべきものでないと思う。併《しか》し其のことは今憲法擁護の為の制度を論ずる余の問題の範囲外である。

其の二は憲法裁判所の組織である。之に付ては二様の意見が分れ得る。一は帝国議会をして、憲法裁判所を構成すべき裁判官を選挙せしむるのであって、他は一般的に法律を以て、其の裁判官たる者の資格を定め、此の資格に該当する者が当然に其の裁判官たるの地位に就くのである。余は後の方法を可と信ずる。

議会をして、憲法裁判所の裁判官を選挙せしむるの方法は、欧洲の実際制度としても認められて居るし、又《また》欧洲の学者政客も多く之を要求して居る。尤《もっと》も此の場合には選挙せられ得る者の資格に付て、議論があるのであるが、然《しか》しながら何人も異論のないのは、其の裁判官が議会の議員であってはならぬと云うことである。

然《しか》しながら、余は議会の選挙に依らずに、一般に法律を以て定められたる資格を有する者が、当然に憲法裁判所の裁判官となると云うの方法を以て、議会が選挙するの方法よりも優れりとする。若《も》し議会が選挙するとなると、どうしても議会に於ける各政党は、其の党略上の利害に依て、裁判官選定の標準を定むることを免れぬ。従って憲法裁判が直接間接に政党の勢力に依て影響を受くることを免れないのである。故に、余の考では、法律で一般的に其の裁判官たるべき資格を定めて、其の資格に該当する者をして、当然に憲法裁判官とするの方法が好《よ》いと思う。尤《もっと》も此の場合に、其の資格ある者が直《すぐ》に、裁判官の地位を得るとせず、更に君主の任命を待つとすることも考えらるるのであるが、然しながら、君主の任命を待つとしても、右の法定の資格に該当するものは、天皇が必ず之を任命しなければならぬとすべきであるから、結局同一の結果を生ずるのである。欧洲の学者政客の主張を見るに議会をして選挙せしむるの方法を可とするの傾向があるが余は之に左袒《さたん》することが出来ぬ。

右の如く、一般の法律で資格を定むるの方法を取るとしても、更に如何なる資格を定むべきかが又《また》問題となる。此のことに付いては議会をして選挙せしむと云う論者でも、一定の裁判所の判事及び法律学者中より選挙せしむべしとするのであって、蓋《けだ》し適当であろう。尤も此の点は更に研究を要するが、少くとも、其の裁判官が議会の議員でないこと、及び純然たる法律問題として之を解決し得る素養を持って居ることを必要とするの点は争われない。

其の三は裁判手続である。議会の要求ある時は、必ず之を審判せなければならぬのは勿論《もちろん》だが、如何なる条件の下に議会が之を要求し得るかは考慮を要する。無論《むろん》多数決で決するの外《ほか》はないのであるが、通常の多数決でよいか、又は特別の多数決を必要とするか。余は通常の多数決でよいと思う。それのみならず否決せられて、従って、議会としては憲法裁判を要求しないと決定した場合と雖《いえど》も、一定の数の議員の要求あるならば、憲法裁判を開くべきものとしたい。之は多数党が純粋の法律上の見地を離れて、自党の党略に依って、態度を決した場合に、少数党に抵抗の手段を与えるの趣旨である。此のことは議会政治の下には特に必要である。然《しか》しながら少数党と云うても、濫《みだ》りに此《かく》の如き要求を為すべきものでないから、右の場合に、議会の決議に反して、尚《な》お憲法裁判を要求し得る議員の定数は、不当に少くてはならぬ。余の考では総議員の三分の一位《くらい》とするがよいと思う。

其の四は憲法裁判所の判決の効力である。先《ま》ず憲法裁判は如何なる点までを定むべきか。即ち単に大臣の行為を、憲法違反なりと決定すべきものであるか、又は其の違反に付て現実に責任を負うの方法を決定し、従って場合に依っては、其の地位を去るべきことをも決定すべきものであるか。余は勿論《もちろん》其の責任を負うの現実の方法をも決定せしむべきものと思う。尤《もっと》も之に就ては、別に国法の規定を設けて、其の規定の定むる方法に於て之を決定するのである。余の考では、勿論其の判決の拘束力を絶対的のものとせねばならぬ。次は其の判決の拘束力である。大臣が之を争うことの出来ないのは勿論議会も亦《また》之を争うことの出来ないものである、政府及び議会のみならず、君主と雖《いえども》右の判決を左右し得ないものである、としたい。

七　憲法裁判所と我が国現時の政治思想

我が国に於て憲法擁護の制度として憲法裁判所の設置を必要とする卑見を実行するが為には、勿論尚《なお》細目に就て研究を要するのであるが、其のことは別に専門の学術雑誌に於て述ぶる機会があろうと思う。憲法裁判所の設置は憲法擁護の制度であるから、苟《いやし》くも憲法政治に賛成する者は、又《また》右の憲法裁判所の設置に反対しないであろう。

元来憲法の違反に、悪意の違反と善意の違反の二種ある。悪意の違反とは、憲法違反なることを知りつつも、尚《なお》政策を実行するが為に、之を無視するのである、此の場合とても違反者が表面憲法違反でないと主張することは云う迄《まで》もない。善意の違反とは、憲法違反なりと云うことを知らずして、之に違反するのである。憲法の違反が悪意であると、善意であるとに論なく、憲法擁護の立場より見ると、共に之を防がねばならぬ。之を防ぐには、先《ま》ず純粋法理上より憲法違反か否かを判定するの機関がなければならぬ。我が国に於ても憲法違反か否かと云う疑は 屢《しばしば》 起る。例を遠くに求むる迄もなく、現に過去一年の間に、重大な二つの問題があった。其の一は大正二年法律第七号裁判官の地位に関する法律が、憲法違反ではないかと云う疑であって、其の二は大正二年十一月大礼使官制《たいれいしかんせい》を、勅令《ちょくれい》に依って制定したことが違法ではないかと云う疑である。法律上の疑が起った場合に、学者は勿論《もちろん》学術的《かく》に之を研究するのであるが、学者の研究は、大臣の責任を問うことに関係ない。故に此の如き疑に付ては、法律上の制度として、其の疑を決するの機関を必要とする。

然《しか》るに、我国に於ては、由来純粋の法理論を軽視するの風がある、実用にならぬ理窟《りくつ》として之を冷笑するの傾《かたむき》がある。現に大礼使官制問題に付ても、二三の学者は之を違法なりとするの意見を発表した。然るに、新聞紙の伝うる所に依れば、某政党は大礼使官制違法の問題に付いて弁明書を出して、其の中に、之を違法とする意見を「末節に拘泥《こうでい》したる三百的《さんびゃく》」のものなりと評したそうである。政党が其の党の内閣の処置を以て適法なりと弁明することは勿論妨げない。啻《ただ》に妨げないのみならず寧《むし》ろ其の職責である。然《しか》しながら、之が為に之を違法なりとする真面目な意見を三百的と冷笑し去るは、如何であろうか。余は此の点に付て疑惑を懐《いだ》くものである。我が国民は近時頻《しき》りに憲法政治法治主義と云うことを口にして居る。然るにも拘《かかわ》らず或問題の法理を真面目に判断する者がある場合に、其の意見に同意すると否とは別論として、之を冷笑するとしたならば、それは大なる矛盾ではあるまいか。或事実が違法なりや否やを考うることが、果して「末節に拘泥」したものと云えるならば、法律それ自身が全く「末節に拘泥」したものであると云わねばならぬ。故に此の意味に於て「末節に拘泥」するのが悪いならば、法律其のものの存在を否認せねばならぬこととなる。法律殊に憲法の研究を任とする者は、右の様な冷嘲的見解に対しては、真面目に抗議をなすの責任を感ずる。而《しか》して此等の事情は、人をして益《ますます》純粋に法律的判断を下すべき独立の機関たる憲法裁判所設置の必要を感ぜしむるのである。若《も》し、私の此の如きの主張を目して、議会政治又《また》は政党の威力を忌む者と云うならば、それは非常の誤解である。私は常に憲法の運用として議会政治従って又政党の威力を希望して居る。唯夫《ただそ》れ之を希望するが故に、他方に於て、其の不当の弊害を除くの策を研究するのである。云うまでもなく、私の右の趣旨は某政党其のものを非難するのではない、唯《ただ》之に依って、我が国一般に純粋法理の論を冷笑するの風あることを推察する一の材料を、示したのみである。

憲法裁判所に依って大臣の責任を現実にするは右の如く憲法の擁護を目的とするのであるが、之に付ては我が国に於て、或は次のような誤解を生ぜぬとも限らぬ。

大臣は天皇に依て任命せられて居るものである、其の者の責任を、天皇以外の機関に依て現実にするのは、天皇の尊厳を侵し奉るものである、と云う論があるかも知れぬ。此の論其のものの誤って居ることは、弁ずるまでもないが、注意したいのは、大臣の責任を現実にすることが、却《かえっ》て益《ますます》天皇の尊厳を保障する所以《ゆえん》であると云うことだ。天皇は云うまでもなく神聖である、其の御施政に関して憲法違反の事実が生じて来ても、何等の責任を負わせられぬ。而して他方に於て、大臣は天皇を輔弼《ほひつ》し奉る職責上、右の事実に付て責任を負うとせらるる。然らば天皇に責任なしと云うことは、大臣の責任を現実にすることに依て益《ますます》意味を生じて来て、天皇の尊厳を保障するのである。実際上、天皇の御施政に関して憲法違反と云う事実が生じないとは云えぬ、此の場合に、大臣の責任を現実にし得ぬとするならば、国民の不満足の情は、遂《つい》にどうなるであろうか。識者はよくよく此の点を考慮せねばならぬ。

憲法裁判所の設置に依て大臣の責任を現実にするの必要は、全く制度の論として、純粋に学問的見地より之を云うのである。従って此のことは、大臣が如何なる人であるかと云うことは、全く関係がない。所謂《いわゆる》官僚思想や民党思想など云うこととは没交渉である。大臣が所謂官僚党より出ずる場合でも、又《また》所謂民党より出ずる場合でも、常に憲法裁判所を必要とする。趣旨は憲法擁護の外《ほか》にない。吾々国民が当年我が国先覚者の熱情に対する真の感激は、憲法の擁護に対する国民自身の熱情として現れねばならぬ。

（大正三年一月乃至二月）

解　説

石川健治

一九一六年一月

いまから一〇〇年前。一九一六年の新春を期して、三本の言論の矢が放たれた。それぞれの仕方で大正デモクラシーを演出すべく、あたかも示し合わせたかのように。

一つは、東京帝国大学法科大学で政治学・政治史を講じた、吉野作造の論文「憲政の本義を説いて其有終の美を済《な》すの途を論ず」である。いわずと知れた民本主義の綱領論文であり、雑誌『中央公論』一九一六年一月号に掲載された。権力の実際の「運用」において民意を尊重し民衆の福利を実現しているか否か、という視点からみたデモクラシーを、吉野は「民本主義」と呼び、それこそが立憲政治の本義である、と説いた。この意味での「民本主義」は、欽定憲法たる大日本帝国憲法にも内在しているはずであり、これを実現して「有終の美」をなそうと訴えた吉野の論文は、巨大な反響を呼んだ。同誌二〇一六年一月号には、「民本主義一〇〇年」を記念して同論文が再録されて、話題になった。

いま一つは、京都帝国大学文科大学で哲学・哲学史を講じた、朝永三十郎の著作『近世に於ける「我」の自覚史——新理想主義と其背景』（東京宝文館、一九一六年一月）である。「我」と国家の対抗から生ずる「立憲政治運動」や、紆余曲折の末に確立した「理性我の自律」を高唱する同著の西洋哲学史的叙述は、同時に、極東の日本における、真の「我」の自覚への道程を指し示すものでもあった。とりわけ、自己の思考・意思・感情が、真・善・美の規範に対する「責任」の観念を伴うことを通じて、それを自己の精神活動の決定原理となし得る「人格」の確立に至る、という道筋を確保するとともに、かかる「人格」の「威厳」を社会的に承認させることが、朝永においては重視される。この本も、多くの青年の愛読書になって、版を重ねた。

そして、ほかの二人に比べても一層華々しかったのが、京都帝国大学法科大学で行政法を講じていた、佐々木惣一の言論活動であった。『大阪朝日新聞』は、一九一六年の元旦第一面を、ひとり佐々木のためだけに提供した。本書の標題にもなった論説「立憲非立憲」がそれである。佐々木は、「専制主義」（専制軍）と「立憲主義」（立憲軍）の激突という、比較文明史的視野に立って現下の問題を捉えた。そして、西洋人の偏見にもかかわらず、非西洋後発国の日本にも、立憲主義を充分に土着可能とする思想的素地があり、そのための鍵を「責任」に求めている。「立憲非立憲」は、一回の休載をはさみ実に一九日連続で、新春の『大朝』第一面を飾り続けた。これと併行して、佐々木は、同旨の論文「貴族院の権威の当、不当」で『中央公論』一月号にも登場し、いわばメディアミックスで〈立憲・対・非立

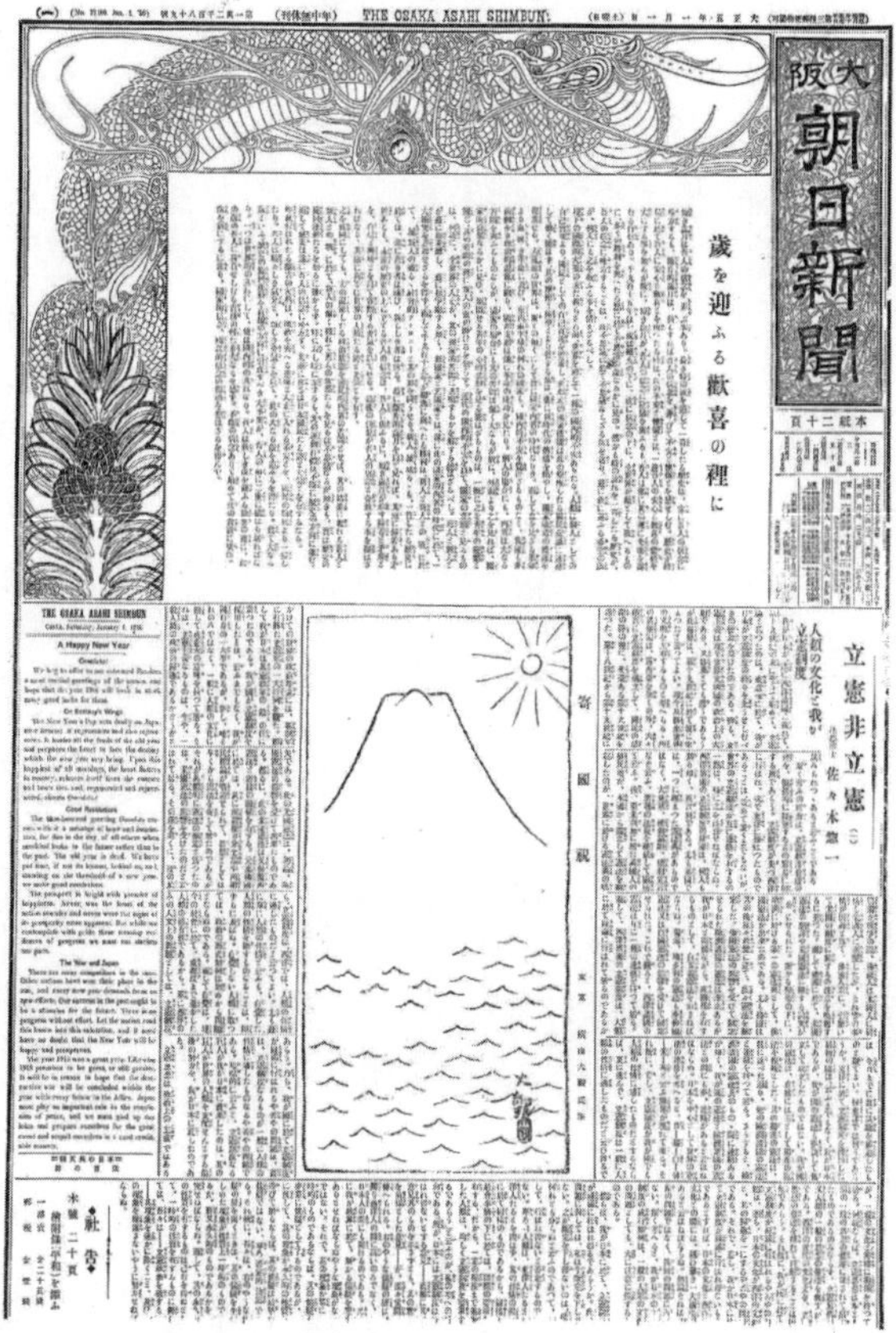
THE OSAKA ASAHI SHIMBUN

大阪朝日新聞

本紙二十頁

歳を迎ふる歓喜の裡に

立憲非立憲（一）

人類の文化と我が立憲制度

法學博士 佐々木惣一

寄國祝

THE OSAKA ASAHI SHIMBUN

A Happy New Year

社告

本號 二十頁

『大阪朝日新聞』1916年1月1日、第1面

憲〉の論陣を張る手はずであったが、こちらは吉野の雄編に押し出される形で、二月号に掲載されることになった。

三者の連環

別々に成立したはずの三者の論説は、きわめて深い部分で、それぞれ密接に連関している。吉野による「民本主義」論において、核心部分をなすのは政党内閣制（責任内閣制）の擁護であるが、その文脈で彼は、超然内閣制に対して「違憲ではないにしても非立憲」だと、まるで佐々木の口真似のような批判を行っている。簡略な規定ぶりが特徴の大日本帝国憲法には、「国務各大臣ハ天皇ヲ輔弼シ其ノ責ニ任ス」との規定しかなく（五五条一項）、超然内閣を違憲だと断言できる根拠はない。けれども、憲法に書いていなければ何をしてもよいわけでなく、規定に込められた「立憲主義の精神」に照らしていえば、それは明らかに「非立憲」である、というのである。

他方で、佐々木の「立憲主義」論が、吉野の「民本主義」論を自陣に取り込もうとしていることにも、注意すべきだろう。明治憲法体制を与件とする限り、リベラルな自説を主張するためには、（国民主権を意味する）「民主主義」との線引きを、截然と行う必要があった。吉野の場合、それが「民本主義」という独特の定式をもたらしたのだったが、佐々木は違った。日本社会における自説の受容可能性を担保するために、佐々木が採用した解釈戦術は、〈立憲主義＝立憲君主主義〉というドイツ流の定義を押し出すことであった（本書所収「立憲非立憲」十「立憲主義と議会政治」。英米独仏日における「立憲主義」の歴史的展開については、特集「立憲主義ってなんだ?」『法学教室』四二八号〔有斐閣、二〇一六年五月〕が決定版である)。

君主制下において政治的自由主義(「君権行使の制限」)を確保するためには、たしかに、「専制(君主)主義」・「立憲(君主)主義」・「民主主義」の三択として問題を呈示するのが便宜であった。とりわけ、「立憲君主主義」の最有力学説だった国家法人説(天皇機関説)が、何かといえば「国体に関する異説」、「民主共和の説」との非難を浴びがちだった日本では、そうである。「民主主義」との区別を明確にする一方、「天皇主権」説の方こそ、実は日本の天皇制に不似合いな、ルイ一四世ばりのバタ臭い「専制君主主義」にすぎないことを明らかにすれば、答えはおのずから中道におさまるであろう。

しかし、その分、デモクラシーが、あるいは吉野が、遠くなる。事実、吉野がちょうど「憲政の本義を説いて其有終の美を済すの途を論ず」を書き上げたばかりのタイミングで、佐々木の同僚たる憲法学者・市村光恵は、大正デモクラシーを新しい専制主義(「多数(党)ノ専制」)への逆戻りだと厳しく批判する論文「憲政逆転論」を発表した(『京都法学会雑誌』一〇巻一一号、二一頁以下〔一九一五年〕)。市村は、雑誌『太陽』誌上で天皇主権説の上杉愼吉と天皇機関説の美濃部達吉が激しく論争を繰り広げていた三年前には、京都から介入して美濃部を熱烈に援護射撃した、筋金入りの立憲主義者である(参照、市村「上杉博士を難ず」、星島二郎編『最近憲法論――上杉愼吉対美濃部達吉』〔実業之日本社、一九一三年」九九頁以下）。その彼が、生まれたての大正デモクラシーを、立憲政治の転覆行為だとして論難した。そして、下院専制（その実「政党ノ首領株」たる少数人の支配）に対抗するコントロール（＝contra role）としての貴族院や枢密院を強化することで、立憲主義を現実的に回復すべきだと説いたのである（同旨、「憲政は一の『ユートピア』なり（大正四年十一月四日第二十一回講演会に於て）」『神戸経済会講演集』一号、一五〇頁以下〔一九一六年〕）。

吉野作造が市村論文に接したのは、「憲政の本義を説いて其有終の美を済すの途を論ず」を書き上げた翌日、一九一五年一二月九日であった（『吉野作造選集14　日記二』〔岩波書店、一九九六年〕四九頁）。これから歴史的な大勝負に出ようとする矢先に、思い切り冷水を浴びせられた格好の吉野は、猛スピードで反論文を仕上げ公表した（「市村教授『憲政逆転論』を読む」『国家学会雑誌』三〇巻一号、一一八頁以下〔一九一六年一月〕）。佐々木惣一もまた、元旦の紙面をハイジャックするに足る論説の構成に呻吟しながら、常に市村の所説をいかに料理するかを考えていたことは間違いない。一九日にわたった『大朝』連載中には、吉野の反論文を読む機会もあったであろう。佐々木は、本来、織田萬《よろず》（日本の行政法学の創始者の一人で、ハーグの常設国際司法裁判所判事として国際的にも活躍した）に師事した行政法学者で、京都の憲法学者としては傍系であったから、三歳年長で憲法・国法学講座を担った市村の政党内閣制批判と、吉野流の大正デモクラシー擁護との間で、それなりには苦しんだはずである。

そして、この苦境をこじあけるために、梃子として用いられたのが、「責任」の観念であった。議会に対する大臣の「責任」、民意に対する議会の「責任」、そして何より、議員を選ぶ国民自身の「責任」。それらが、国家機関の「地位」と一般国民の「地位」に分節されたうえで、「我」に目覚めた国民の視点から、例をみないほどの周到さで分析される。問題の核心は、「他人に依って公務を命ぜられたことに付《つい》ての責任の観念よりも、政治を自らすることに付ての責任の観念」であり、ここで佐々木は、憲法学における大臣責任論を踏み抜いて、朝永三十郎と同じ地平に降り立っている。それを踏まえて、民本主義を「責任政治」の体系として、立憲主義に着地させてゆく。「罷免と弾劾と辞職」に関する叙述は、そうした著者によってのみ可能となる、比類の無い手応えを感じさせるものである。

ハイデルベルクの契り

彼ら三人が、それほどに密接な連環をなす作品を、同時に、しかも相互独立にものすることができたのは何故か。その理由は、五年半前の秋、ドイツ最古の大学都市ハイデルベルクでの出逢いにある。

「九月四日　日曜　……佐々木惣一君伯林［ベルリン］ヨリ来リ Luxhof［宿屋兼食堂の名前］ニ泊シ予ガ宿ヲ訪ハレタリトテ会フ共ニ食事ヲ了リ後同君ノ部屋ニテ話ス」、「九月六日火曜　……佐々木（惣一君）氏来リ暫時懇談ノ後共ニ Luxhof ニ行キ会食ス……午後復佐々木君来訪　東西両京法科諸教授ノ噂ナドヲスル」、「九月七日　水曜　朝佐々木（惣）君ノ来訪アリ……佐々木君ト予トハ Anlage〔広い遊歩道〕ヲ西ニ歩ミ Stadtgarten〔市営庭園〕ニ少憩ノ後分レテ……」、「九月八日　木曜　……昼前佐々木（惣）君筋向フノ Landhaus straße 26〔新市街の地名〕ニ移レリトテ来ル……夕食ダケハ食ニ行ク　Lux ニテ京大ノ助教授坂口氏〔古代ギリシャ・ローマ史家、坂口昂〕ノ来遊セルニ会フ　氏の外朝永助教授〔朝永三十郎〕亦転学シ来リテ楼上ニ在リト云フニヨリ一寸挨拶スル」（『吉野作造選集13　日記一』〔岩波書店、一九九六年〕一一二頁以下）。

吉野と佐々木は、日本の憲法学者にとって文字通りの種本だった『一般国家学』の著者ゲオルク・イェリネックの講義を聴くために、朝永は、当時隆盛をきわめた新カント派哲学西南ドイツ学派の総帥ヴィルヘルム・ヴィンデルバントの講義を聴くために、ネッカー河に古城が映える、この美しい大学街を訪れた。彼らは、イェリネックの自宅にほど近い、新市街の一角に住んでいたため、毎日のようにお互いの下宿を往き来する関係になった。佐々木、朝永が相次いでハイデルベルクに到着した一九一〇年九月上旬から、一九一一年二月三日に吉野が当地を旅立つまでの間、彼ら三人が毎日のように往来して付き合っていたことは、吉野の日記からよくわかる。一九一一年元旦に一念発起して始めた佐々木の洋行日記（京都府立総合資料館蔵）にも、極度に読みにくい筆跡で、毎日のように「朝永君」の名が綴られている。この時期ヴュルツブルク郊外の農村リーデンハイムに出かけていて不在がちだった吉野も、「吉の君」として何度か登場する。吉野日記の記述ときっちり符合しているのは、もちろんである。

佐々木は、一応コンスタントに講義・演習に出席していたが、体調を崩していたイェリネックがゼミナールで欠伸を連発するのを、そうとは知らず些か不愉快に思っていたようだ（佐々木「清い交りを長く続けてもらった」『哲学研究』四一一号〔京都哲学会、一九五二年〕七七頁以下、七八頁）。吉野の方は、「低声ナレドモ能ク分ル」などと講義評を日記に記しており、直接イェリネックの自宅を訪ねて言葉を交わしてもいるが、出席は不定期だった。

大学の講義が退屈で、「最も内容に富むと云はるるエリネック先生のですら馬鹿々々しくて聞いて居れぬ」というのが吉野の言い分ではあるが、ほかにもアルフレート・ヴェーバー、フリッツ・フライナーらを、あちこちつまみ食いしていたのが実際である（参照、田澤晴子「吉野作造の足跡を訪ねる——ハイデルベルク・ウィーンを中心に」『吉野作造記念館研究紀要』二号〔吉野作造記念館、二〇〇五年〕二六頁以下、竹中英俊「吉野作造のハイデルベルクでの下宿先」『吉野作造記念館研究紀要』九号〔吉野作造記念館、二〇一三年〕五一頁以下）。一方、朝永は、最大の人気を誇っていたヴィルヘルム・ヴィンデルバントの講義に足繁く通って、こちらは深甚なる影響を受けることになった。

一月五日に脳溢血で父を亡くしたばかりの佐々木は、日記によれば、毎晩夢にうなされ不眠に悩み、信仰や神について知己に問いかけては、考え込んでいたようである。そうしたなか、一月一三日の金曜日、「午食に朝永君を訪う途上」、ロシア人学生からイェリネック急死（脳卒中）の一報を得て「何となく感深く」、昼食時にその日の新聞で死亡記事を読んだ。

夕方には、朝永から、「本日午後ヴィンデルバントの講義のとき、一学生出て、今日はイエリネック死したればいつもの如く足踏みすべからずと注意し」、やがてヴィンデルバントが来りて、声を震わせ涙ぐみながら、イエリネックを悼む辞を述べた旨、臨場感のある報告を受けている（洋行日記、一九一一年一月一三日）。朝永は「学問を異にする両教授の友愛の関係を賛美し」、佐々木はこれをきいて「愉快におもうた」と後年述懐している（佐々木、前掲『哲学研究』四一一号、七八頁）。彼らは知らなかったが、もともとウィーン大学で哲学の学位をとったイェリネックにとって、年の近い私講師として兄事したヴィンデルバントは、その後の生涯にわたり、学問的にも人間的にも特別な存在だった。それは、ヴィンデルバントにとっても、同じだったのである。

翌一四日は、朝永との昼食後、イェリネックの写真を購入し、翌々一五日は、「日本人一同撮影すとの案内により」一一時に行き、やはり朝永と昼食をした後、「午後イェリネック教授の埋葬式に列す、色々思う。……悲しき思あり」（洋行日記、一九一一年一月一四日、一五日）。

吉野は、一八日の夕方に急行列車でハイデルベルクに戻ったが、佐々木惣一を心配して、その足で訪ねている。父を亡くしたばかりの佐々木は、「室ニ祭壇ヲ設ケテ灯明ヲ欠カズ云ハヾ仏事ヲ営ンデ」いた。「案外シホレ切ツテ居ル」様子の佐々木を心配して、吉野は夜中の一二時まで話し込んだ。二人の関係はそれほど密接であり、後に吉野は「好漢願クハ健在ナレト独リ胸中ニ祈ル　短日月ノ交際ナレド之レ程心気相許セシ友ハナシ……予ガ最モ親愛

手前左が佐々木惣一、手前右が朝永三十郎。吉野作造は旅行中。1911年1月15日午前11時過ぎ撮影。佐々木はこの後、代々の大教授たちが眠るベルクフリートホフという墓地に出かけて、イェリネックの埋葬式に参列している。

敬服スル友ハ彼ナリ」と日記に記している（一九一二年一〇月一〇日）。

他方、ちょうどこの頃であろうが、佐々木は朝永に、「どうも自分は、強いような又弱いような、俗なような又俗を離れたような、正しいような又正しくないような、きちんとしたような又だらしないような、いわば矛盾した人間でつまらぬ」、と打ち明けている。これに対して、朝永は、いつになく「真面目な顔つきで」間髪を入れずに、こう応えた。「ふん、それでいいのだ、矛盾でいいのだよ」。この言葉を、佐々木は、終生大切にした。

朝永もまた、佐々木や吉野に対して、特別な思いを抱いていた。佐々木の回想によれば、「朝永君は政治に関心を持っていた。そして立憲政治を真に尊重していた。ハイデルベルヒの下宿で、種々の問題について談論した中に、わが国の立憲政治の前途について、憂慮をふくんだ気持で語り合うた機会は決して少くなかった」、「わが国の政治家の無理想や一般国民の政治的無関心を慨嘆する私の意見に、朝永君が同意する場合の、『そうだ』というその声の静な力は、今も私の耳にのこっている」（佐々木、前掲『哲学研究』四一一号、七七頁）。

だから、彼ら三人が同時に論壇に打って出て、内容的にも密接に絡み合った主張を行ったのは、偶然ではなく必然である。その後も、一九一八年一二月、吉野作造や福田徳三ら、民本主義に立つ学者や思想家を結集して結成された言論団体「黎明会」には、佐々木と朝永が加わっている。活動期間中には、中心メンバーの一人森戸辰男が筆禍事件により東大を追われる騒ぎがあったが（森戸事件）、森戸の公判に際しては、吉野は東大の同僚ではなく佐々木に助けを求め、佐々木は上京して特別弁護人として法廷に立った。これにあわせて、黎明会の講演会でも、演壇に立っている（佐々木「大学教授の研究の限界」『黎明講演集』二巻四集［大鐙閣、一九一九年］四一七頁以下）。

したがって、本書の解説に関する限り、佐々木惣一のおいたちに関するデータ――すなわち、一八七八年に鳥取市に生まれたこと、鳥取県尋常中学校（現在の県立鳥取西高校）、西田幾多郎講師がいたはずの旧制第四高等学校を経て、一八九九年に新設の京都帝国大学法科大学に入学し、一九〇三年には法律学科の第一回卒業生となったこと（政治学科には佐藤丑次郎がいた）――は、それほど重要でない。それよりも、その人脈からは出てこない、留学中の人間関係の方が、研究者人生にとっては、よほど大きな刻印を残すものなのである。

イェリネックの影

佐々木惣一は、イェリネックが埋葬される場面を、目撃している。真向かいが、これまた近代日本の政治思想史に抜き難い影響を残した、『国法汎論』のJ・C・ブルンチュリの墓であることにも気がついただろう。ドイツ市民の墓にありがちなギリシャ神殿を意識した派手な墓である。それに比して、大きな一枚岩に名前だけが刻まれた瀟洒な墓石のもとに、ついこの間まで自分の前で欠伸をしていた、世界の憲法学の泰斗が埋葬されてゆく。父の死と重なったこともあり、佐々木に強い印象を残したのは間違いない。イェリネックの晩年様式を代表する「憲法変遷論」に、佐々木が本気で取り組むに至る決定的な契機は、おそらくこの体験であったであろう。

イェリネックの墓

一九一一年一月から、京都御所で行われた大正天皇の即位礼にあわせて刊行スケジュールが組まれた、『京都法学会雑誌』の大礼記念号（一九一五年一一月）に至るまで。最後の最後までゲラを直す佐々木にとっては、正味四年一〇ヵ月間。この期間中ずっと、彼は「憲法変遷」現象について、考え続けたわけである。この間、佐々木の法理論は、大転回を経験している。そのきっかけの最大の一つが、イェリネックの埋葬式であったに相違ない。

洋行前の佐々木は、法を「国家の命令」と捉える主権者命令説の立場を、闡明にしていた（『日本行政法原論』［中央大学、一九一〇年］一二頁以下）。しかし、留学をはさんで、そのわずかに三年後には、百八十度転回して、佐々木は社会規範の側面から法を捉えるようになっていた（「法ノ社会順応性ニ就テ（一）（二）」『京都法学会雑誌』八巻九号・一〇号［一九一三年］）。この〈回心の体験〉なしに、「憲法制度を条文の解釈から観ただけで分るものではなく、憲法制度を吾々の生活から観なければならない」という、本書の「序」は絶対に書かれることがなかったということは、本書ではじめて佐々木惣一に触れる読者には、是非知っておいていただきたい事柄である。佐々木憲法学の一般的なイメージは、執拗なまでの条文へのこだわりであるにもかかわらず、何故佐々木は『立憲非立憲』を書けたのか、という問いは、実は未だ十全に解かれていないのである。

「回心」をもたらした理由は、いくつか考えられる。第一に、『貧乏物語』で知られる河上肇との個人的交流と、社会問題への問題意識の目覚めである。彼らは、留学前からの親友であり、お互い山あり谷ありだった人生を通じて、常に強い信頼で結ばれていた。残された書簡類においても、河上からのそれは多く、しかも真情のこもったものばかりである。彼らは、とりわけこの時期、大正デモクラシーの立憲教育の流れをリードする『法制経済教科書』(講法会、一九一六年) 執筆に向け、協力関係を密にしていたはずである。

第二に、京都帝国大学文科大学社会学講座の米田庄太郎に代表される、新カント派の法哲学者ルドルフ・シュタムラー研究の動向が挙げられる。米田は、差別のなかを生き抜いたその半生を通じて、日本で最初のホンモノの社会学者になったと評してよい人物であり、門下からは高田保馬《やすま》、尾高朝雄《ともお》らが出た。鬼気迫る勤勉家として知られる彼は、この頃シュタムラーに取り組んで、社会構造を明らかにする手がかりを得ようとしており、法科講師の資格で『京都法学会雑誌』にも論文を寄稿していた (「シュタムラー氏ノ哲学的立場及ビ社会学ノ根本思想」『京都法学会雑誌』八巻一一号、一二四五頁以下 [一九一三年] など)。佐々木が「法ノ社会順応性ニ就テ」でシュタムラーに言及しているのは、やはり当時の研究動向の影響だろう。

第三に、同期生の佐藤丑次郎《うしじろう》(政治学) や山本美越乃《みおの》(植民政策学) ら、法科大学の同僚との交流である。京大生え抜き一期生の佐藤とは、何かと比較されることが多かった (参照、「京都大学の人々(二) 佐藤丑次郎博士と佐々木惣一博士」『読売新聞』一九一五年七月一〇日朝刊、第六面)。佐藤は、一九二〇年に新設の東北帝国大学法文学部の創立委員長となって京都を離れ、仙台では憲法講座を担当したが、憲法学者としての佐藤は、天皇主権説の有力論客として、天皇機関説の佐々木とは対抗関係に入る。一九三三年の瀧川事件で、京大を辞職した佐々木の後任に一時擬せられたこともあり、三五年の天皇機関説事件では、パージされた美濃部達吉学説に替わる有力体系書として、佐藤の憲法教科書がクローズアップされた（一九四〇年に没）。

これに対して、同じく同期の山本美越乃は、山口高等商業学校教授などを経て、一九一一年以降は京都帝大法科大学助教授として植民政策等を講ずるようになる。佐々木が「立憲非立憲」の二「我が憲政に対する欧米人の懐疑」で引用した文献は、法学者のアンシュッツやレーニングやカールを除くと、日本の植民政策学における種本的（その意味ではイェリネック的）存在だったポール・ラインシュをはじめ、山本から教示された可能性の高いものが目立つ。山本は一九一九年に新設の経済学部に移り、経済学部長として迎えた三三年の瀧川事件では辞意を表明した小西重直総長のショート・リリーフ（総長事務取扱）を務めている。

しかし、第四に、佐々木がイェリネックの論文「憲法改正と憲法変遷」と格闘しており(Vgl. Georg Jellinek, *Verfassungsänderung und Verfassungswandlung*, Berlin, 1906)、自由法論や法社会学とも親和的なその行論が、この間佐々木を刺激し続けていたという事情が、やはり最も大きかったというべきだろう。

「憲法変遷」論文を翻訳紹介したのは東京帝国大学の美濃部達吉であり、大日本帝国憲法という名の憲法典（形式的意味での憲法）よりも、大正デモクラシーと呼ばれたリベラルな憲法運用の方を（実質的意味での）憲法だと捉える彼の学風は、イェリネックからの直接的な影響を感じさせる（参照、『日本憲法』第一巻［有斐閣、一九二一年］五三五頁以下）。けれども、留学中も謦咳に接する機会のなかった美濃部より、埋葬式にまで参列した佐々木に残したイェリネックの影の方が、長く、そして色濃いものであった。東京の美濃部とは対照的に憲法典のテクストにこだわる佐々木の学風は、「京都学派」と呼ばれて、イェリネックとは縁遠いもののように思われてきたが、それは大いなる誤りである。

イェリネックは、さまざまな憲法変動現象のなかで、「憲法改正」をあえて憲法条文(Verfassungstext)の意識的変更というふうに狭く定義することにより、逆にそれ以外の、無意識的な「憲法変遷」(佐々木訳では「憲法の転化」)現象の存在を浮かび上がらせるのに成功した。そして、立法者によって合理的に設計された法命題や法制度の「地(Grund)」の部分にある、より広い憲法の存在形態としての「変遷する憲法」を主題化したのである。しかも、表層における変遷現象だけでなく、その深層において進行する「議会主義の衰退」という、世紀転換期における巨大な歴史のうねりを、彼は発見することになった。

その際に、積極的に活用されたのはイギリスの政治学であり、特に英国王政のもとでの「内閣統治」が進行する実態を明らかにしたシドニー・ロウの仕事から、イェリネックは強い影響をうけた。ドイツ流の国家学にはない暢達なダイナミクスが、その晩年様式における一大特徴になっている。そこには、議会の「全国民の代表」性の喪失と政党国家化、国民の直接参加の要求、大統領を含む国家元首の人格的統合力の強化、政府と国民が(議会ではなく)メディアを介して直結する現象など、魅力的な主題が目白押しである。

そうした検討を踏まえて、イェリネックは、政府には——メディアを通じて——国民に対する「社会的責任」の観念が発生し、政府の議会に対する「政治(的)責任」という旧来の観念にとってかわろうとしていると指摘した。他方で、議会主義の形骸化の傾向は特殊な資格や利害ごとに組織化が進行した結果によるもので（社会の自己組織化）、従来の国民代表にかわる「職能代表」のための特別議会を増設する必要がある、と提案している。これらは「憲法制度」を「生活」の次元から揺るがす歴史の駆動力にメスを入れた、いかにもイェリネックらしい先駆的な問題提起であった（参照、石川健治「憲法変遷論評註」、藤田宙靖・高橋和之編『憲法論集——樋口陽一先生古稀記念』［創文社、二〇〇四年］七四七頁以下）。

佐々木は、これらの新しい主題に真正面から取り組んでいた。それは、普段はあまり本に線を引かない彼が、ロウの著作（Sidney Low, *The governance of England*, London, 1904）だけは、全編にわたって線を引いて精読していたことでも明らかである（大阪大学附属図書館「佐々木惣一文庫」蔵）。佐々木は、少しずつ英国文献にも親しむようになり、とりわけ、ドイツにおける英国憲法研究を代表するユリウス・ハチェックの分析には（この人はイェリネックの弟子）、大いにインスピレーションをかきたてられた。

こうした研究が結実したのが、『京都法学会雑誌』の大礼記念号に満を持して寄稿された論文「憲法ノ改正」であった（一〇巻一一号、一一三頁以下［一九一五年］）。論旨は多岐にわたるが、結論からいえば、（イェリネックや美濃部のいう）「憲法変遷」現象は、「憲法改正ノ幻相（Schein）」であって「憲法改正」ではない、と断定された。これは決して、「変遷」現象が存在しない、あるいは、研究することには意味が無い、といっているのではない。むしろ、その逆である。法の社会順応性のゆえに「変遷」現象が発生するのが当然だからこそ、議論をきちんと仕分けしないと生産的な議論にならない、といっているのである。まず、そこにいう「憲法改正」とは、憲法の規定にある変更を加えること、と定義される。そして、その変更は、他の法律においてではなく、憲法規定そのものに加えられる形で、行われなくてはならない。この定義からすれば、憲法の「変遷」と呼ばれる諸現象は、憲法が改変されたかのような「幻相」を示しているにすぎない。この現象は、憲法に抵触している場合と抵触していない場合に分けて、論じられる必要がある。

(1)憲法に抵触する現象が有効なるものとして取り扱われている場合。

それが定着したとしても、抵触している範囲において「憲法ノ休止」がみられるのみで、かかる一種の慣習がそれだけで憲法を改廃することはない。この現象が起こる原因の一つは、かかる不当の行動をなす国家機関が、憲法論について何ら監督を受けないところにあるので、これに対処するには、憲法裁判所のような、憲法解釈について法的決定力を有する裁判機関を設置するほかはない。佐々木はこの文脈で「憲法裁判所設置の議」を出してくる。

(2)憲法に明示的な規定がなく、憲法に抵触することのない現象が、ある権威をもって行われ、一種の規則となっている場合。

たとえば、衆議院の優越という慣行は、両院の意見が一致しない場合、より国民の意思に近い意思を優先しようというところから出てきたもので、「理ノ当然」ともいえる。しかし、この種の憲法運用上の規則が多数集積しているイギリスでは、憲法学者A・V・ダイシーをはじめとして、これを「習俗（convention）」と呼んで「法（law）」とは区別しており

(convention of constitution)、ドイツ人研究者ハチェックも、正式の法規則と区別して「習俗規則(Konventionsregel)」と呼んでいる。

これは、のちの(慣習法を含めた)法の成立経過次第では、法の前段階をなしていることはあり得るが、未だ「運用上ノ規則」にすぎない、と佐々木も考える。これはあくまで憲法改正ではなく「憲法運用上ノ規則」と呼ばれるべきである。決して「制度上」のものではなく「運用上」のものにすぎず、しかも「法」ではなく「習俗規則」にすぎないからである。

もちろん、「憲法運用上ノ規則」が「進化」して「慣習法」の要件をみたすことは考えられるが、「慣習法」となった場合に憲法に抵触するような「運用上ノ規則」は、継続して行われたとしても慣習法になることができない。ここで佐々木は、大正デモクラシーを例にもちだす。憲法の運用において、天皇が議会多数党のメンバーから大臣を任命しているのは事実だが、これが「天皇ハ大臣ヲ議会多数党ヨリ任命ス」という慣習法になってしまうと、天皇の憲法上の大権に抵触するので、この運用上の規則は慣習法にはなり得ない。しかし、「貴族院ハ衆議院ノ議決ニ従フモノトス」という運用は、慣習法として成立し得る、という。

この習俗規則については、やがて「習律」という訳が定着して、佐々木は、一九三〇年の名著『日本憲法要論』で、「憲法的習律」という独立の節を設けることになった(『日本憲法要論』[初版、金刺芳流堂]一一四頁以下)。それによれば、憲法的習律とは、「社会」が憲法上の事項に関する規範として「希望」するものであって、その希望が慣習において「表示」されたものである。憲法的習律と憲法との差異は、その規範の内容とは関係がない。同一の内容が「憲法的習律」の形で存在するか「憲法」の形で存在するかは、「国家ノ事情」によって決まってくる。

佐々木は続けていう。憲法的習律が成立するのは、「社会」がその規範を、憲法上の事項に関し憲法の規定の範囲内において、事情に適応する処置として「希望」したからである。まさしく「憲法運用上ノ規則」であり、「殊ニ立憲主義ヲ貫徹セントスル思想ニ基クモノ多シ」。けだし、「近代的概念」たる憲法は、立憲主義を「精神」とするとはいうものの、その精神は、いちいち憲法の規定によって、形式化され得るものではない。ゆえに、「社会」は、あるべき「立憲主義ノ精神」に適応して、これを運用するのである。

それゆえ、立憲主義に忠実なる国家においては、憲法的習律がよく発達している場合が多い、と佐々木は指摘する。「彼ノイギリスニ於テ殊ニ然ニトス」。イギリス人は、明示的に違法（illegal）ではないが立憲主義の精神に反する行為を、「非立憲（unconstitutional）」と呼ぶ。日本における「非立憲」概念自体は、遅くとも日清戦争以前には定着していた政界のイディオムである（たとえば一八九三年一一月二五日『東京朝日新聞』社説）。けれども佐々木は、そうした「非立憲」概念に、ここに示したような立憲主義の正統との歴史的連続性と、憲法理論上の首尾一貫性とを賦与して、存分に磨き上げた。

「違憲とは憲法に違反することを謂うに過ぎないが、非立憲とは立憲主義の精神に違反することを謂う。違憲は固より非立憲であるが、然《しか》しながら、違憲ではなくとも非立憲であると云う場合があり得るのである。然《さ》れば苟《いやし》くも政治家たる者は違憲と非立憲との区別を心得て、其の行動の、啻《ただ》に違憲たらざるのみならず、非立憲ならざるようにせねばならぬ」（「立憲非立憲」十一「違憲と非立憲」）。この、『立憲非立憲』のなかで最も有名なパッセージは、ハイデルベルクに瞑目するイェリネックの墓前に立ったあの日から続く、佐々木惣一の思索の結晶にほかならない。

ここに付け加わるのが、朝永三十郎の「責任」観念である。立憲的な権力の「運用」は、国務大臣が国民に「責任」の所在を明らかにすることによって成立する。大臣が自ら責任を明らかにすることこそ「立憲主義の精神」だからである。その共鳴板として佐々木は「我が国固有の君臣の関係」にも言及しているが、これは立憲主義の精神の上滑りを回避し、土着を図る方途としてである。返す刀で、衆院内少数派が貴族院を動かして倒閣を図る、党利党略の現状を批判し、衆議院の優越を——社会の希望の反映である——憲法的習律として定着させるよう訴えているのも、ここまで読めば実に一貫した論旨であることが理解されよう。

このようにして、佐々木は、憲法典のテクストを「憲法」として大切にする態度を堅持しながらも、同時に、大正デモクラシーを「立憲主義ノ精神」の現れた「憲法運用上ノ規則」として大いに鼓舞できる、論理的回路を確立するのに成功したのであった。

『立憲非立憲』の成立過程

こうして踏み固められた論理に基づき、佐々木は社会的発言を積極化させる。彼を駆り立てていたのは、いうまでもなく、大正デモクラシーのダイナミクスであった。第一次憲政擁護運動が藩閥打倒・普選断行を叫び、民衆のデモ隊が何度も議事堂を取り巻いた。第三次桂内閣を打倒した大正政変は、彼らの勝利であるかにみえた（一九一三年二月二〇日）。次の山本権兵衛内閣も、疑獄事件（いわゆるシーメンス事件）に対する世論の批判を受けて、最終的には総辞職（一九一四年四月一六日）。続く第二次大隈内閣は、政権基盤を強化しようと解散総選挙を試みたものの、内務大臣が露骨な選挙干渉を行ったことに対する世論の強い批判を浴びて、いったんは総辞職を決意した（一九一五年七月三一日）。

　しかし、実際には世論が勝利したのではなく、山本内閣を打倒したのは、むしろ世論や衆議院に対して超然主義的な態度を採る貴族院であった。半ば政党内閣の実質をもっていた同内閣は、シーメンス事件の批判には耐え抜いたにもかかわらず、倒閣をめざす貴族院によって、海軍拡張予算を大幅に削減されたことで立ちゆかなくなり、総辞職を余儀なくされた。第二次大隈内閣も、大正天皇の即位礼直前の総辞職に元老が納得しなかったため辞意を撤回せざるを得なかったのであり、総辞職支持の閣僚を内閣改造により排除して「居座り」を決め込むことになった（一九一五年八月一〇日）。結局その後、予算をめぐって貴族院との対立が再び激化し、翌年一〇月九日に、いわゆる寺内非立憲内閣の登場となる。

　こうした状況に向けて佐々木が放ったのは、一九一四年一月一三日の『大阪朝日新聞』第三面に掲載された、異色の論説「憲法裁判所設置の議（上）」であった。ここで気をつけていただきたいのは、掲載年月日である。この世界で「憲法裁判所」が成立したのは、第一次大戦後のオーストリア共和国においてである。混乱した段階的プロセスを経ているが、ひとまず形になったのは一九一九年四月。現在の憲法の教科書に書かれている憲法裁判所を佐々木は知らないで論説を書いているのである。それができたのは何故か。まだ健在だったオーストリア＝ハンガリー二重帝国における憲法裁判所論議を佐々木が何らかの形で知っていたからだと思われる。

敗戦で瓦解した大帝国の廃墟から、世界に先駆けた「憲法裁判所」の構想が、突如として立ち上がるはずはない。実は、ウィーンの帝国時代にすでに議論が始まっており、それを裏付ける程の先駆的プラクシスは、ウィーンの帝国裁判所においてすでに蓄積され始めていたのであった。多民族・多宗教・多言語が特徴だったハプスブルクの帝国を支えたのは、フランツ・ヨーゼフ皇帝の存在を除けば、ただただ「法秩序」だけであった。そうしたなか「憲法裁判所構想」をぶちあげたのが、実にウィーン大学時代のゲオルク・イェリネックだったのであり（Vgl. Georg Jellinek, *Ein Verfassungsgerichtshof für Österreich*, Wien, 1885）、その論旨は、佐々木が読んだ範囲のイェリネックの書物からも看取できるものであった。そうした文脈においてみれば、公務員の弾劾裁判は、憲法的な訴訟の典型の一つであり、如上の佐々木の問題意識に照らして、大臣責任制の強化という側面にしぼって述べてみたのが、「憲法裁判所設置の議」であった。

連載はいったん途絶した。翌一四日に、京都帝国大学法科大学（現在の法学部）の教授・助教授が、文部省に抗議して全員辞職する、という大事件が発生したからである。少壮教授の佐々木は、その主力メンバーであった。前年に京都帝国大学総長として赴任して匆々、業績不足などを理由に七人の教授に辞表を出させるなど、教授人事に辣腕を振るう意欲をみせた文部官僚・澤柳政太郎に対し、大学の自治の観点から法科大学が即座に反応し、これを中核として半年間にわたる全学的な抵抗を続けてきた。東京帝国大学法科大学も京大に連帯の意思を表明し、文部省と帝国大学との間で、全面対決の様相となっていた。これを澤柳事件と呼ぶが、その最終局面として、仁保亀松《にほかめまつ》・法科大学学長（現在の法学部長に相当）以下の連袂辞職、という激震が走ったわけである。

しかし、民法典起草者として名高い穂積陳重《のぶしげ》、富井政章《まさあきら》が仲介に動き、元々民法学者でもあった奥田義人文部大臣が、教授会の人事の自治を承認したのが一月二一日。これを承けて、今度は第一面を使って連載が再開され、本論説をきっかけに、『大阪朝日新聞』の常連執筆者としての佐々木の地位が確立された。当初三回連載の予定が八回に延び、一九一四年二月五日に完結した。

翌一九一五年三月二一日から二五日まで、『大阪朝日新聞』第一面に五回にわたって連載されたのが、キャッチーなタイトルに加えて内容も非常に良く工夫された、論説「一票の投げ所」。三月二五日投票の第一二回衆議院総選挙に向けての連載であるが、その間、ダーダネルス海峡の海戦でトルコ海軍が早くも壊滅寸前になり、オーストリアの要衝プシェミスル要塞が陥落するなど、欧州の戦局が大きく変化し、地図入りの派手な戦争報道に霞《かす》んでしまった感もある。しかし、立憲政治は、政治の目的についての約束にあらずして、政治の手段についての約束であると説く、その論旨は今日きわめてアクチュアルである。選挙の結果、大隈内閣の与党・立憲同志会が大勝し、野党の立憲政友会は議席を大きく減らした。この直後に懸案の二個師団増設など軍備拡張が実現した。

同年六月から七月にかけて「今は廃刊となっている一雑誌」に発表されたのが、「我が立憲制度の由来」である。留学から帰国後、穂積八束《やつか》の論文「憲法制定ノ由来」(『法学協会雑誌』三〇巻九号、一頁以下〔一九一二年〕)を読んで大いに啓発される一方、「政府の側の努力に重きを置いて説明され、民間の側の努力の跡は軽んぜられている」という感じを抱いた佐々木が、一般社会における「無頓着」に抗して理解のバランス回復をめざして書いたもの(参照、佐々木惣一『憲法学論文選 二』〔有斐閣、一九五七年〕七頁)。前述した佐々木における法イメージの転回を反映している。

この次に登場するのが、一九一六年一月の「立憲非立憲」論文。そして、残り二編は一九一八年の作品である。そのうち「現代の政治と信念」は、同年二月刊行の雑誌『大学評論』二巻二号、八頁以下(大学評論社)に掲載された。同誌は、当時東京帝大法科大学生で、後にリベラル政治家として活躍し、戦後衆議院議長にもなった星島二郎《ほしじまにろう》が主幹で、前述の『最近憲法論——上杉愼吉対美濃部達吉』の成功の勢いをかって、「社会と大学の連鎖」をスローガンにかかげて創刊した(その後「The university extension」に変更)。編集は、星島をはじめ、キリスト者(ユニテリアン)の学生が多かった。学生雑誌のようだが、執筆陣は一流ぞろいで、前述の黎明会とかなり重なっている。大正デモクラシー期に簇生した雑誌のなかでは、民本主義の拠点雑誌の一つとして、かなり重要な位置を占めていた。吉野作造とならんで佐々木も常連執筆者で、「社会生活の改善と個人の価値」（一巻二号、三三頁以下［一九一七年］）――社会に対して「無頓着の態度」、「諦めの態度」をとる人々に訴えている――など、力作論文を寄せた。本論文も、政治参加の拡大にあわせた「立憲教育」の文脈において書かれており、ここでは、世論（公論）を基礎とする制度のいわば客観的精神と、個人的態度（主観的精神）の関係を考察した。特に、「可なりの意見を持って煩悶して居ったりしながら敢て其の信念を発表しないことを以て良しとする」諦めの風潮に対して、一定の共感を示しながらも、そういう態度こそが世論（公論）政治の健全な発達を妨害するものだ、と訴えている。

そして、公刊順では最後の作品が、「立憲政治の道徳的意味」である。一九一八年七月二三日から同年八月七日まで、『大阪朝日新聞』第一面に一六回連続で掲載された。それまで「政治の手段についての約束だ」という観点で――党派（目的）を超えた――説得を試みてきた佐々木が、立憲主義のアピール力の弱さを痛感して、「立憲主義の道徳的基礎」について考えてみた論文である。寺内非立憲内閣打倒一色の紙面構成のなかで第一回が始まったものの、欧州戦線では独墺の敗色濃厚、革命ロシアでは廃帝ニコライ二世の銃殺決定など海外ニュースが目立ち、その後、寺内内閣によるシベリア出兵の宣言を契機に、政府批判の言論の抑圧が開始され、急転直下その非立憲性があらわになるなど、紙面が翻弄され続けるなかでの連載になった。佐々木自身は、「貧困」に取り組む親友・河上肇の影響もあって社会問題に関心を深めており、米騒動が暴発寸前の状況において、むしろ国民統合の問題に危機感

『東京朝日新聞』1918年10月13日、第1面に掲載された広告

を抱いていた。そこで、あくまで立憲国における道徳的自由を論ずるのが本論だが、「国民道徳」という剣呑な領域にも踏み込んでいる。社会規範に軸足を移して以降の佐々木が、辿り着いた先はここであった。

最後の論文の連載完結をまって、寺内非立憲内閣にぶつけるべく急ピッチで編集作業が進んだはずであるが、連載終了後の八月一〇日から全国化した米騒動の責任をとって、二九日に寺内内閣は退陣表明。本書は、初の本格的政党内閣である原敬内閣の誕生と同時に、上梓されることになった。一〇月一三日『東京朝日新聞』の第一面トップに広告が出て、本書は順調に版を重ねたが、一九二〇年の第五版に際しては、「国民普及版」と称して「憲法裁判所設置の議」を削除したヴァージョンに変更された。なお、一九五〇年には、弟子の大石義雄の編集により、朝日文庫版（朝日新聞社）が発行された。戦後の論説が増補されて、性質が大きく変わってしまっているが、大石による「あとがき」は一読に値する。

その後の佐々木惣一

この国民普及版と朝日文庫版の間に、実は、佐々木惣一の人生における激動の時代が挟まっている。一九二七年に先輩の市村光恵が京都市長に転出した後、正式に憲法講座を担当し、名実ともに西の横綱になった佐々木の学問的な展開について述べる紙幅はなくなったが、事件史的に辿ってみても、なお多くのことを述べる必要がある。

まず、現在でも多くの人々の関心を集める一九三三年の瀧川事件がある。澤柳事件の成功体験に倣って、今回も文部省に抗議して、教授・助教授全員が敢然と辞表を提出した。首謀者は佐々木であり、実態は瀧川事件ではなく佐々木事件であったと評されるが、あたっていよう。しかし、今回は文部省の切り崩しにあい、約三分の一は残留を決め、結局、佐々木惣一ら中心メンバー七名のみが免官、いったん辞任した教官からも出戻るものが相次いだ。

佐々木らは立命館大学に移籍したが、今度は一九三五年に天皇機関説事件が起こり、美濃部と同様の国家法人説（天皇機関説）を採る立憲主義者が、全国的にパージされることになった。立命館に移っていた憲法学者二名――佐々木のほか、井上密《ひそか》・市村光恵の正統をつぐ森口繁治《しげはる》――も、文部省思想局による思想統制の対象になり、主著の自主的な絶版を余儀なくされた。その後も、一九四〇年の大政翼賛会違憲論でみせた硬骨ぶり、一九四三年刊行の『我が国憲法の独自性』（岩波書店）、「政道学」という新しい学問コンセプトを掲げて一九四四年一一月から五九年一二月まで続けられた「政道学塾」での活動など、とても短い字数では語れない問題がある。

戦後のハイライトは、京大出身の近衛文麿の懇願に応えて一九四五年一〇月に開始された、内大臣府御用掛としての憲法改正作業である。学者生涯を懸けて打ち込んだ仕事であったが、政府の憲法問題調査委員会（いわゆる松本委員会）サイドから内大臣府での改正作業に対する違憲論が出されて、内大臣府自体が廃止、改正草案は完成したものの陽の目をみないまま終わった。

一九四六年からは、貴族院議員の資格でアウトサイダーとして審議に加わり、最後まで反対の立場を貫いたことで、かつては左翼扱いだった佐々木に対する右翼人気が高まった。「国権の発動」をキー・コンセプトにした優れた着想による体系書『日本国憲法論』（有斐閣、一九四九年）では、憲法九条の消極的限定の範囲を論理的に確定すれば、自衛戦力の保持は許容し得る旨を述べて、反動的だと非難されることも多かった。

しかし、晩年の憲法教養講座での講義内容を整理し直した、事実上最後の論説である「世界の進歩に対する日本国民の責務と日本国憲法」『世界』一九五九年一月号、三八頁以下（岩波書店）では、憲法九条について「従来の憲法の規定とは違うので……私自身も実はよくわからなかった。わからないというのは憲法の解釈がわからなかったというのではなく、こういう条項を憲法中に設けるということの意味がわからなかったのであります。しかしいろいろ考えてみるとよくわかるのです」と告白している。

そして、人間の共同生活の一種としての「世界生活」というコンセプトを導入して――それはさらに「人間の直接世界生活」と「国家を媒介とする世界生活」とに区別される――、

文化勲章受章（1952年11月）時の佐々木惣一（74歳）

戦争放棄規定についても、「世界生活」としての価値と「国家生活」としての価値を区別し、「世界生活理想」に対する日本国民の憲法上の責務をそこから引き出せないかというのが、佐々木惣一、八一歳の再チャレンジであった。

一九五二年に文化勲章を受章した、という事実よりも、晩年まで京都大学に通って、田中美知太郎らの講義を聴講した、という事実の方が、佐々木の人格のありようをよく示している。没年である一九六五年には論文「憲法ノ改正」を収めた『法の根本的考察』（佐々木惣一博士米寿祝賀記念刊行会）を刊行した。「強いような又弱いような、俗なような又俗を離れたような、正しいような又正しくないいような、きちんとしたような又だらしないような、いわば矛盾した人間」であることを引き受けながら、自己陶冶を怠ることなく懸命に一筋の道を歩こうとした知識人の仕事を、ある一つの面だけで評価したり断罪したりすべきではない、ということを強調して、すべての評価は別の機会に譲ることにしたい。

（憲法学、東京大学教授）

本書の原本は、一九一八年に弘文堂書房から刊行されました。学術文庫版は「国民普及版」（一九二〇年）を底本としましたが、同版で割愛されていた「憲法裁判所設置の議」を一九一八年版から増補してあります。底本の旧字体・旧かな遣いを新字体・新かな遣いに変えたほか、読みやすさに配慮して統一やルビの追加を行い、明らかな間違いは訂しました。なお、原本ではカタカナで表記される固有名詞に傍線が引かれたりカギ括弧が付されたりしていますが、学術文庫版ではこれらの傍線やカギ括弧は省略しました。また、固有名詞については、可能なかぎり〔 〕の形で注記を補いました。

佐々木惣一（ささき　そういち）

1878～1965年。憲法学者。京都帝国大学法科大学卒業。京都帝国大学教授、立命館大学学長を歴任し、終戦後は内大臣府御用掛として憲法改正調査の大命を受けて憲法草案を作成。主な著書に、『日本憲法要論』（1930年）、『我が国憲法の独自性』（1943年）、『日本国憲法論』（1949年）、『憲法大義』（1950年）など。

講談社学術文庫

定価はカバーに表示してあります。

立憲《りつけん》非《ひ》立憲《りつけん》

佐《さ》々《さ》木《き》惣一《そういち》

2016年6月10日　第1刷発行
2021年1月8日　第2刷発行

発行者　渡瀬昌彦
発行所　株式会社講談社
東京都文京区音羽2-12-21 〒112-8001
電話　編集（03）5395-3512
販売（03）5395-4415
業務（03）5395-3615

装　幀　蟹江征治
印　刷　株式会社廣済堂
製　本　株式会社国宝社
本文データ制作　講談社デジタル製作

2016　Printed in Japan

ISBN978-4-06-292366-8

「講談社学術文庫」の刊行に当たって

これは、学術をポケットに入れることをモットーとして生まれた文庫である。学術は少年の心を養い、成年の心を満たす。その学術がポケットにはいる形で、万人のものになることは、生涯教育をうたう現代の理想である。

こうした考え方は、学術を巨大な城のように見る世間の常識に反するかもしれない。また、一部の人たちからは、学術の権威をおとすものと非難されるかもしれない。しかし、それはいずれも学術の新しい在り方を解しないものといわざるをえない。

学術は、まず魔術への挑戦から始まった。やがて、いわゆる常識をつぎつぎに改めていった。学術の権威は、幾百年、幾千年にわたる、苦しい戦いの成果である。こうしてきずきあげられた城が、一見して近づきがたいものにうつるのは、そのためである。しかし、学術の権威を、その形の上だけで判断してはならない。その生成のあとをかえりみれば、その根は常に人々の生活の中にあった。学術が大きな力たりうるのはそのためであって、生活をはなれた学術は、どこにもない。

開かれた社会といわれる現代にとって、これはまったく自明である。生活と学術との間に、もし距離があるとすれば、何をおいてもこれを埋めねばならない。もしこの距離が形の上の迷信からきているとすれば、その迷信をうち破らねばならぬ。

学術文庫は、内外の迷信を打破し、学術のために新しい天地をひらく意図をもって生まれた。文庫という小さい形と、学術という壮大な城とが、完全に両立するためには、なおいくらかの時を必要とするであろう。しかし、学術をポケットにした社会が、人間の生活にとってより豊かな社会であることは、たしかである。そうした社会の実現のために、文庫の世界に新しいジャンルを加えることができれば幸いである。

一九七六年六月

野間省一